及科学知识，拓宽阅读视野，激发探索精神，培养科学热情。

日常小事皆学问

★包罗各种科普知识，汇集大量精美插图，为你展现一个生动有趣的科普世界，让你体会发现之旅是多么有趣，探索之旅是多么神奇！

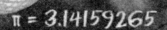

图书在版编目(CIP)数据

日常小事皆学问 / 李慕南, 姜忠喆主编. —长春：
北方妇女儿童出版社, 2012.5 (2021.4重印)
(青少年爱科学. 走进科普大课堂)
ISBN 978 - 7 - 5385 - 6322 - 1

Ⅰ.①日… Ⅱ.①李… ②姜… Ⅲ.①科学知识 – 青
年读物②科学知识 – 少年读物 Ⅳ.①Z228.2

中国版本图书馆 CIP 数据核字(2012)第 061644 号

日常小事皆学问

出 版 人　李文学
主　　编　李慕南　姜忠喆
责任编辑　赵　凯
装帧设计　王　萍
出版发行　北方妇女儿童出版社
地　　址　长春市人民大街 4646 号 邮编 130021
　　　　　电话 0431 – 85662027
印　　刷　北京海德伟业印务有限公司
开　　本　690mm × 960mm　1/16
印　　张　12
字　　数　198 千字
版　　次　2012 年 5 月第 1 版
印　　次　2021 年 4 月第 2 次印刷
书　　号　ISBN 978 - 7 - 5385 - 6322 - 1
定　　价　27.80 元

前　　言

科学是人类进步的第一推动力,而科学知识的普及则是实现这一推动力的必由之路。在新的时代,社会的进步、科技的发展、人们生活水平的不断提高,为我们青少年的科普教育提供了新的契机。抓住这个契机,大力普及科学知识,传播科学精神,提高青少年的科学素质,是我们全社会的重要课题。

一、丛书宗旨

普及科学知识,拓宽阅读视野,激发探索精神,培养科学热情。

科学教育,是提高青少年素质的重要因素,是现代教育的核心,这不仅能使青少年获得生活和未来所需的知识与技能,更重要的是能使青少年获得科学思想、科学精神、科学态度及科学方法的熏陶和培养。

科学教育,让广大青少年树立这样一个牢固的信念:科学总是在寻求、发现和了解世界的新现象,研究和掌握新规律,它是创造性的,它又是在不懈地追求真理,需要我们不断地努力奋斗。

在新的世纪,随着高科技领域新技术的不断发展,为我们的科普教育提供了一个广阔的天地。纵观人类文明史的发展,科学技术的每一次重大突破,都会引起生产力的深刻变革和人类社会的巨大进步。随着科学技术日益渗透于经济发展和社会生活的各个领域,成为推动现代社会发展的最活跃因素,并且成为现代社会进步的决定性力量。发达国家经济的增长点、现代化的战争、通讯传媒事业的日益发达,处处都体现出高科技的威力,同时也迅速地改变着人们的传统观念,使得人们对于科学知识充满了强烈渴求。

基于以上原因,我们组织编写了这套《青少年爱科学》。

《青少年爱科学》从不同视角,多侧面、多层次、全方位地介绍了科普各领域的基础知识,具有很强的系统性、知识性,能够启迪思考,增加知识和开阔视野,激发青少年读者关心世界和热爱科学,培养青少年的探索和创新精神,让青少年读者不仅能够看到科学研究的轨迹与前沿,更能激发青少年读者的科学热情。

二、本辑综述

《青少年爱科学》拟定分为多辑陆续分批推出,此为第三辑《走进科普大课

堂》,以"普及科学,领略科学"为立足点,共分为 10 册,分别为:

1.《时光奥秘》

2.《科学犯下的那些错》

3.《打出来的科学》

4.《不生病的秘密》

5.《千万别误解了科学》

6.《日常小事皆学问》

7.《神奇的发明》

8.《万物家史》

9.《一定要知道的科学常识》

10.《别小看了这些知识》

三、本书简介

本册《日常小事皆学问》告诉你生活之中处处有科学。你会用温度计吗?你知道电视遥控器为什么被称为"懒骨头"吗?是谁弄爆了汽车轮胎?这一个个奇怪又有趣的生活小问题看似简单,其中却隐藏着并不简单的科学原理。牛顿从苹果落地,想到了万有引力;阿基米德在洗澡时受到启发,由此开始研究浮力与密度等科学问题;当水壶中的水烧开后会冒出白雾,瓦特正是受这一极普通的生活现象的启发改进了蒸汽机……生活中处处有科学,生活中处处皆学问!让我们像科学家一样,关注身边事物,养成观察与思考的好习惯,培养自己动手的能力。通过阅读本书,你会惊叹科学原来是这么简单有趣,你还会掌握很多实用的生活小窍门。

本套丛书将科学与知识结合起来,大到天文地理,小到生活琐事,都能告诉我们一个科学的道理,具有很强的可读性、启发性和知识性,是我们广大读者了解科技、增长知识、开阔视野、提高素质、激发探索和启迪智慧的良好科普读物,也是各级图书馆珍藏的最佳版本。

本丛书编纂出版,得到许多领导同志和前辈的关怀支持。同时,我们在编写过程中还程度不同地参阅吸收了有关方面提供的资料。在此,谨向所有关心和支持本书出版的领导、同志一并表示谢意。

由于时间短、经验少,本书在编写等方面可能有不足和错误,衷心希望各界读者批评指正。

本书编委会

2012 年 4 月

目　　录

一、现实身边的科学

二、未来生活中的科学

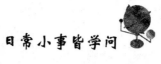

一、现实身边的科学

不怕湿的"尿不湿"

我们知道饭粒和面团中都含有水分，但是用手挤不出水来。这是因为大米和面粉中的主要成分是淀粉，它是一种长链状的高分子化合物，分子长链上有许多亲水原子。科学家根据这一原理，人工合成了许多高分子材料，它们都有很强的吸水性，如聚乙烯醇、聚氧乙烯等。把这些材料涂在软布上，就可以制成"尿不湿"尿布。

从理论上讲，"尿不湿"的吸水量能达到自重的许多倍，而且在受到少许压力时，水也不流出来。所以，它能使尿布不湿。

说起来，你也许不相信，尿不湿的发明，最早是为航天员发明的。美国的宇航员曾在太空中，出现过尿液污染事件，结果使航天员的面罩看不清楚，后来人们发明了尿不湿，并不断改进。现在航天员用的尿不湿，1克尿不湿可以吸收1 000克的液体，很好地解决了这个难题。

中国首位"太空人"杨利伟就是穿上尿不湿上天的。

"湿"到底是什么？

水能把东西浸湿。而湿是一种物体的触感，大致说来，湿是一种物理吸引作用。如果仔细观察一杯水，可以看出水"粘"在玻璃杯的壁上，比杯中的水面稍高，呈U形。这是因为杯中的氢受到空气中的氧的吸引而上升的情形，一直到水的重量与吸引力平衡时，杯壁上的水才会停止上升。换成较细的管子，水会上升得更多才会达到平衡，所以，管越细，爬得越高。这种现象叫做"毛细现象"。而就是因为这种毛细作用，才能使水由地面上升到三百尺高树顶的叶子上。而"毛细现象"整个过程，我们称之为"浸湿"。

不能用凉开水养鱼

鱼是靠鳃部呼吸的，绝大部分鱼类的呼吸，只能在水中进行。水中的氧气是水中生物生长的必需物质。

如果把水烧开，水中的氧受热后就会蒸发。用凉开水养鱼，鱼会因凉开水中没有足够的氧气而死亡。养鱼的水也要经常更换，保证水中有足够的氧气。

另外，水烧开后，水里的各种矿物质就会大量减少，这也对鱼的生存构成了威胁，所以不能用凉开水养鱼。

鱼的血液循环是封闭的，其心脏比较简单，位于鳃的附近，由一个心房和一个心室组成。鱼的鳃有许多毛细血管的小叶，通过它，可将水中溶解的氧吸收到血液中。

硬骨鱼的鳃外有一块角质的盖，鱼在呼吸时同时张嘴和将鳃盖打开，这样将水吸入口中，鳃盖上的膜防止水从这个方向流入。合嘴时可以通过嘴前部的一个机构将水从鳃缝中挤出去。软骨鱼没有鳃盖，它们必须不停地张着嘴游动，来让水通过它们的鳃流过。

金鱼是一种颜色鲜艳、体态婀娜多姿的鱼类。它的祖先是亚洲产的鲫，远在中国的晋朝时代（265～420），就出现了红色鲫鱼。后来，经不同品种之间的交配而培育出许多新品种。

现在，金鱼的种类很多，有大腹便便的"珍珠鳞"，有全身乌黑的"乌龙眼"，有摇摆着一对凸眼的"大水泡"……金鱼已成为最普通的观赏鱼。

五颜六色的金鱼

当心地下水受污染

地下水是城市生活用水、工业用水和农田灌溉的重要水源之一。

工业废水、废气、废渣是污染地下水的"主凶"。在工业生产的过程中，会产生大量的有毒有害废水，若不经过处理而直接排入水道、江河湖海，都会导致地下水污染。工业废气随降雨下落，通过地表流入水循环中，对地表水和地下水造成污染。工业废渣有的天然堆放，有的埋入地下，时间一长，其中的有毒有害物质部分随降水直接渗入，部分随地表水渗入，从而对地下水形成污染。

与地表水一样，地下水也会受到污染。水的污染有两类：一类是自然污染；另一类是人为污染。当前对水体危害较大的是人为污染。人类的生产活动使大量的工业、农业和生活废弃物排入江河湖海之中，使水源受到严重的污染。目前，全世界每年有 4 200 多亿立方米的污水排入江河湖海，污染了约 5.5 万亿立方米的淡水，相当于全球径流总量的 14% 以上，真是触目惊心！

工业废弃物排入江河命名水源受到严重的污染

打不碎的玻璃

现代材料越来越先进，用玻璃纤维复合材料制成的玻璃就是不易碎的玻璃，这种有机玻璃被穿透时不产生裂纹或碎片，所以防弹玻璃是由这种玻璃和胶片多层叠合制成的。有机合成玻璃与一般的玻璃不同，优点很多：透明度很高，密度却不到无机玻璃的一半；韧性较强，不易碎；很容易成形，不需高温；机械强度较高，有一定的耐热耐寒性，耐腐蚀，绝缘性能良好。

1970 年，德国科学家加勒斯·雷姆把玻璃纤维镶嵌到聚酯树脂中，结果制成一种新的玻璃，这种玻璃比一般的钢铁还坚韧牢固。玻璃很脆，但经过加热，被拉制成比头发还要细得多的玻璃纤维后，它就完全改变了自己的本性，变得像合成纤维那样柔软，而坚韧的程度甚至超过了同样粗细的不锈钢丝。德国的一家建筑公司首先采用了雷姆的研究成果，生产了一种叫做"玻璃斯大尔"的新型建筑材料。

这种玻璃纤维复合材料，不仅可以用来当建筑材料，它还是制造船只、汽车、火车的外壳以及机器的零件的好材料。使用这种材料，不仅可以节省大量的钢铁，同时因为减轻了车、船本身的重量而使其有效载重量大为提高。由于这种材料不会生锈，还可以免去许多保养费用，真是一举多得！

1980 年，在德国迪塞尔多夫市，一座 7 米长的新桥建成了，瞧，它既结实又漂亮，无数的人从不同的地方赶来，一睹它的"芳容"。大桥吸引人的地方倒不是它的外观，而是它是以玻璃为主要原料建成的。

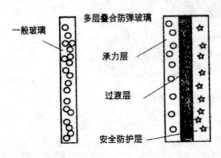

在人们的印象中，玻璃是一种极容易破碎而又极不牢固的材料，人们对大桥东摸摸西瞧瞧，怎么也不相信它是由玻璃建成的。可是，这是事实！

汽水为什么能消暑

炎炎夏日喝上一瓶汽水既爽口又消暑，你会感到凉爽多了。

在生产汽水时，工人们通过降温和加压的方法，把大量的二氧化碳充入汽水中。二氧化碳有一个特性，它对水的溶解度随温度的升高和压力降低而减少。就是说溶有二氧化碳的水，在温度升高时，它就会从水中逸出，同时还带走一部分热量。因为人体的体温比汽水的温度高，所以喝入体内，汽水中的二氧化碳便成为气体从水中逸出，通过打嗝从口腔中排出，这个过程会把人体内的热量带走，这就是喝汽水感到凉爽的原因。

提起汽水，不能不提著名的化学家普里斯特利。1733年，普里斯特利出生于英国利兹城附近一个贫民家庭。长大后，他总爱用自己微薄的薪金来购买仪器和药品，从事化学实验，曾先后发现二氧化氮等多种气体。

一天，他的一位朋友想制造一种能消暑的饮料，于是请普里斯特利帮忙。好心的普里斯特利立即答应了下来，但这项研究并不顺利，因为当时并无今天这些加压、冷冻和封瓶等设备。他足足试验了一年，到1772年，才发明了把柠檬酸和小苏打溶在水中的方法，制成了有史以来的第一批汽水。

碳酸饮料虽然消暑，
但是也不要多喝哦！

英国著名的化学家约瑟
夫·普里斯特利

开放在衣服上的"火花"

在天气干燥的季节，当你脱下合成纤维做的服装时，常能听到"啪啪啪"的响声，如果在暗处，你还能看见衣服上闪烁着火花。这是为什么呢？

天气干燥又寒冷的季节，合成纤维服装会随着身体的运动而相互摩擦。摩擦就会产生静电，静电积累到一定的量后，就会产生放电现象。这就是我们听到的"啪啪"声和看到的衣服上闪烁的火花。

小小的静电，曾引爆过一架飞机呢1

1967年，入侵越南的美军派出了一批直升机到前线空运伤员，当一架满载伤员的直升机飞抵西贡机场上空，正徐徐降落时，突然一声山崩地裂的巨响，直升机神秘地在空中爆炸了！

事后，美军情报人员赶往现场对惨案进行调查，发现是静电造成这场灾祸。该机上的副驾驶员在脱毛衣的过程中，产生了强烈的静电，由此导致起火，进而引起爆炸。经过这次事件后，美国空军飞行员一律不许穿毛衣上机，飞行服也经过重新设计。

由于头发很轻，当人体接触到一定量的电，头发会因为静电作用而竖起来。

二氧化碳与温室效应

温室效应是由于人们缺乏环保意识，向大气中毫无节制地排放各种有害气体而造成的。

现代化工业生产大量燃烧煤炭、石油和天然气，这些燃料燃烧后，产生的二氧化碳气体大量进入大气。二氧化碳气体具有吸热和隔热的功能。大气中的二氧化碳浓度的不断增加，阻止了地球热量的散发，如同给地球盖上了保温毯，引起地表温度上升。这就是"温室效应"。

金星上的温室效应非常强，因为，金星的大气密度是地球大气的100倍，而且其中97％以上是二氧化碳；同时，金星大气中还有一层厚达20～30千米的由浓硫酸组成的浓云。二氧化碳和浓云只让太阳光通过，却不让热量透过云层散发到宇宙空间。被封闭起来的太阳辐射使金星表面温度高达465℃～485℃，而且，金星基本上没有地区、季节、昼夜的差别。温室效应还造成金星上的气压很高，约为地球的90倍。

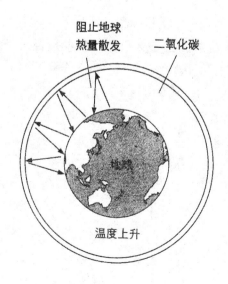

金星地貌

矿泉水与纯净水哪个好

天然矿泉水，出自于地壳深部，未受任何污染，而且含有丰富的对人体健康有益的各种微量元素。它不仅能消暑解渴，而且对肠胃病、高血压、关节炎等多种疾病有一定的疗效。某些微量元素仅能以水中游离状态才被人体吸收，所以说矿泉本是人体所需微量元素的理想补剂，常喝各种微量元素未超标的矿泉水对人体是有益的。而纯净水虽然纯净，但水中缺少对人体有益的微量元素，长喝它会对人体健康不利。

在天然的条件下，地球上可以找到90多种元素，根据目前掌握的情况，多数科学家认为生命必需的元素共有28种，在28种生命元素中，按体内含量的高低可分为宏量元素（或常量元素）和微量元素。

微量元素，顾名思义，是这种元素在人体内含量很少。如铁、矽、锌、钢、镍、锡、锰等。这些微量元素占人体总质量的0.03%左右。尽管它们在体内的含量很小，但在生命活动过程中的作用是十分重要的。

选用矿泉水时，不要选择限量指标超过国家标准规定的产品。在选购时，应注意瓶盖是否松动，瓶身是否透亮，有无异物漂浮等，有这些现象，产品多半不合格。另外，矿泉水表面张力大，用一枚硬币进行水面轻放试验，硬币可浮在矿泉水上，而不能浮于普通饮用水上。

令人惊讶的古墓文物

　　科学家认为这具女尸经历 2000 多年而不腐烂，是因为下列原因：一是密封和深埋，女尸下葬时用六层棺椁，一个套着一个，层层包裹，密封程度好，而且从封土顶到墓底深达 26 米；二是尸体灌了酒以及在衣物上喷洒酒类，这有利于防虫蛀，并有一定的杀菌作用；三是死者生前似乎曾服用过朱砂（即硫化汞），而且衣服染料和内棺油漆也含有这类物质，有抑制一些分解酶的作用；四是葬在棺中的物资有许多名贵药材，这些药材有很强的杀菌功效；五是埋葬时尸体和石灰、木炭等干燥吸水物质放在一起，在埋葬初期，尸体经过了不断干缩的阶段，这对尸体防腐起了很大作用。

　　马王堆汉墓遗址位于湖南省长沙市东郊，距市中心 4 千米。因传为楚王马殷的墓地，故名马王堆。

　　现挖掘出的马王堆三座汉墓共出土珍贵文物 3000 多件，绝大多数保存完好。其中有 500 多件各种漆器，漆器制作精致，纹饰华丽，光泽如新。一号墓还出土了大量丝织品，有一件纱衣，轻若烟雾，薄如蝉翼，该衣长 1.28 米，且有长袖，重量仅 49 克，织造技巧之高超，令人叹为观止。出土的帛

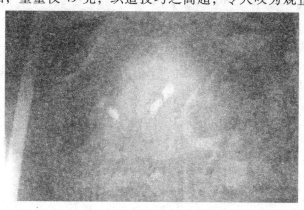

马王堆汉墓出土的帛画

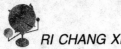

画，是我国现存最早的描写当时现实生活的大型作品。

　　木乃伊是在人工防腐情况下或自然条件下可以长久保存的尸体。木乃伊一词源自波斯语，原义为蜡，欧洲人用来指古埃及涂抹防腐香料保存至今的尸体，中国自明代以来将其音译为木乃伊。

　　古埃及人认为人死后可以复活，而复活的条件是保存尸体，所以他们留下了许多珍贵的木乃伊，成为世界上一大奇迹。

不能用海水浇灌庄稼

地球的水储量中，淡水仅占总量的3%左右，其余均为海水。海水的含盐量在3.5%左右，盐能够造成植物中的水分流失，也能把细胞中的水分挤走。

庄稼的生长，是靠其根部从土壤中吸取水分的，并利用水吸收土壤中的养分，并把养分输送到它的茎和叶子中去，海水中含盐量较高，如用海水灌溉庄稼，盐就会与水一道被其根部吸收，庄稼自身没有排盐功能，如果庄稼体内液体中的含盐量过高，就会造成庄稼体内的水分不断向外渗透，使养分损失，最终庄稼就会脱水而死。这就是为何农民不用海水浇灌庄稼的缘故。

我国是一个严重缺乏淡水的国家，淡水人均占有量只有世界人均水平的1/6，而且南北分布极不均匀，这已经成为制约我国经济快速发展的重要因素。而且，随着工业发展、城市化进程的加速和人民生活水平的提高，淡水危机将日益加剧。

因此，海水淡化和综合利用，就成了解决水危机的一个重要发展方向。海水淡化的主要方法包括蒸馏法和反渗透法等。蒸馏法是将海水加热气化，

中东地区的海水淡化工厂

再使蒸汽冷凝而得到淡水；反渗透法则是给海水加压，使淡水透过特殊的膜而盐分被截留的方法。目前国际上使用得最多的是反渗透法，而蒸馏法比较适合于有热源的场所如发电厂等。

唯一能够在海水中存活的树木是红树林。

红树林长期生长在海潮浸淹的盐渍土壤上，所以它形成了一种与环境相适应的独一无二的生态特性：具有胎生现象；奇形怪状的支柱根、板状根使得树干在滩涂坚固地生长着，特别是呼吸根，使红树在泥水里不缺氧，里外疏畅；叶子有泌盐现象等。

水是生命之源

　　科学家考证，大约53亿年前，地球上最早的生物来自水中，这是最原始的生命。所以说，水是生命之源。

　　科学证明，水分布在一切有机体组织中，约占人体重的2/3，约占新生儿体重的80%，是人体需要的六大营养素之一，各种生命体所需的营养物质都可以溶解在水中。它把生命体所需的各种营养物质输送到体内，同时，生命体新陈代谢出的各种废物，也大多是通过水排出去的。

　　人体的血液中水约占96%，如果人体缺水，就会直接危及生命的安全。

　　你知道吗？不吃食物，人能活相当长一段时间，有的胖人甚至能活一年，但不喝水最多能活十余天；如果全年的降雨都不流失而汇集在地面上，我们就要在1米深的水中行走；如果不下雨，地球上的淡水仅够我们用四年多；如果南极的冰都化成水，海水将上升60米，许多城镇将被淹没；把世界最高峰珠穆朗玛峰放入海的最深点，它的顶峰还要差2 000米才能露出水面。

　　地球是太阳系八大行星之中唯一被液态水所覆盖的星球。地球上水的起

融化的地极冰山

源在学术上存在很大的分歧，目前有几十种不同的水形成学说。有的认为在地球形成初期，原始大气中的氢、氧化合成水，水蒸气逐步凝结下来并形成海洋；也有观点认为，形成地球的星云物质中原先就存在水的成分。另外一些人认为，原始地壳中硅酸盐等物质受火山影响而发生反应、析出水分。还有观点认为，被地球吸引的彗星和陨石是地球上水的主要来源。

烟雾也是"凶手"

城市早晨的空气质量一般较差，尤其是雾天，空气污染严重，所以此时不宜去锻炼。夜间，城市的地面温度会下降，此时，汽车、人流扬起的灰尘等污染物以及大量废气不能向上扩散，反而回降，悬浮在大雾中，至清晨时，城市近地面空气的污染浓度最高。而人在锻炼时，呼吸会加深加快，由此经呼吸道吸引过多的有污染的烟雾，对人体健康造成损害。

在1930年12月1日夜，一场浓雾笼罩在比利时的默兹山谷地区上空。在这山谷中，许多工厂都把烟尘和各种有害的微粒排放到大气当中，于是形成了这片烟与雾结合在一起的烟雾。这场烟雾在这山谷里足足延续了四天，在这四天里，成千上万的人病倒了，各家医院里都挤满了病人，结果60人死亡。死者中绝大多数都是患有心脏病和肺病的老人。

工厂排放的烟尘

有汗的衣服不能用热水洗

汗中大约有 98% 的水，0.3% 的盐，其余则是蛋白质、尿素与其他有机物质。

盐、水、尿素都易溶于热水，但是蛋白质却不能。一般情况下，蛋白质以胶体的形态溶解在水里，但是遇热时就会凝固起来，变得不溶于水了。

因此，用热水洗含有汗渍的衣服，汗里的蛋白质会凝固而变成不溶性物质，牢固地粘在衣服的纤维上，在日光照射下，经空气氧化作用后，就变成了黄色的污垢。所以凡衣服被血液、牛奶和豆浆等这些含蛋白质的东西沾上以后，不要用热水洗涤，应该用冷水洗涤。

你知道吗？蛋白质有时会成为危害人体健康的"帮凶"！通常造成对某种食物过敏以及过敏反应的元凶就是蛋白质。因为每种蛋白质的结构都略有不同，而人体更是千差万别，某些蛋白质会引起一些人的免疫系统发生反应，由此导致过敏反应。许多人对花生中的某种蛋白质，或者贝类等海鲜的蛋白质过敏，但是很少有人对所有的蛋白质种类都过敏。

变硬的塑料小剑

　　塑料是一种高分子的聚合物，它的内部有许多乙烯分子聚合在一起，氯乙烯分子聚合后，形成一个链状的大分子，大量同样的大分子聚合起来，就形成了塑料。

　　塑料能刚能柔。它之所以硬，是因为分子咬分子的"关节"紧紧地结合在一起。如果你要想使它变得柔软，只需在这个"关节"上加些"润滑油"就行了。所谓的"润滑油"，就是塑料工业上经常使用的增塑剂。

　　在寒冷的冬天，有的增塑剂因不耐寒，"润滑"的能力就降低了，塑料中的"关节"就变硬，让塑料变得硬邦邦的。天暖时，增塑剂恢复了"润滑"的本性，"关节"也就变软了。

　　现在，用塑料制成的塑料袋在给人类带来极大方便的同时，也在严重污染着我们生活的环境。不可降解的塑料袋很不容易分解，即使埋在地下，它一百年都不会腐烂。同时，还会影响土壤的质量。如果把它丢在大海里，让海洋动物误食，会导致它们死亡。2002 年，一头小须鲸死后，被海水冲到法国的诺曼底海滩，人们在它的胃里竟然发现了 800 千克塑料袋及其他

"白然污染"

包装材料。塑料垃圾所形成的"白色污染"，已成为当前令人们头疼的事情。

塑料可以回收再利用，以下是塑料回收分类标签：

PET（聚对苯二甲酸乙二醇酯）：常见于塑料瓶。

HDPE（高密度聚乙烯）：常见于牛奶瓶、超市塑料袋。

PVC（聚氯乙烯）：常见于雨衣、保鲜膜。

LDPE（低密度聚乙烯）：常见于牙膏的软管包装。

PP（聚丙烯）：常见于瓶盖、吸管、微波炉食物盒。

PS（聚苯乙烯）：常见于一次性饭盒。

OTHER（其他）：不属于以上 6 种的塑料。

酒能解鱼腥

鱼腥，是因为鱼含有三甲胺，三甲胺属于脂肪胺类化合物，有一股臭味，它藏在鱼的肉里，很难去掉它。而酒里含有酒精，酒精能够溶解三甲胺，把它从鱼肉中除掉。

此外，烧鱼时温度很高，酒精、三甲胺都是易挥发的物质，煮一会儿，腥味就被除掉了。

料酒是中国菜里对烹饪用酒的称呼。但烹饪用酒的传统在中西烹饪中都很常见。

中国菜中的料酒为酒精含量偏低（10～25%）的酿造酒，以黄酒为主，也有使用糯米酒、汾酒的。有些在酿造阶段还特别加入花椒、大料、桂皮等传统调味料。

西餐烹饪用酒一般是廉价的葡萄酒（特别是干葡萄酒）等。一些特定地区的菜肴，例如中欧和东欧的炖牛肉经常加啤酒。啤酒也被用来调制一些油炸食物的裹粉。

西餐烹饪用料酒

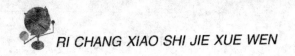

鸡蛋洗干净了容易变坏

鸡蛋的蛋壳上有许多小洞，鸡在生蛋时，会有一层胶状物质堵住蛋壳上的小洞，这些胶状物能溶于水，当你用水去洗鸡蛋时，这些胶状物也一起被洗掉了，细菌就容易进入鸡蛋里。这样，鸡蛋就会逐渐变质，当然就容易坏了。

把刚生下来的鸡蛋浸在石灰水里，鸡蛋就不易坏了。因为，石灰水本身就能杀菌；另外，鸡蛋在"呼吸"时，会从小洞里排出二氧化碳，而二氧化碳遇上石灰，会生成碳酸钙沉淀堵住小洞，这样细菌就无法侵入蛋壳内了。

鸡蛋中含有丰富的 DHA 和卵磷脂等，对神经系统和身体发育有很大的作用，能健脑益智，避免老年人智力衰退，并可改善各个年龄组的记忆力。营养学家用鸡蛋来防治动脉粥样硬化，获得了意料之外的惊人效果。鸡蛋中含有较多的维生素 B_2，它可以分解和氧化人体内的致癌物质，鸡蛋中的微量元素也都具有防癌的作用。鸡蛋蛋白对肝脏组织损伤有修复作用，蛋黄中的卵磷脂可促进肝细胞的再生。鸡蛋含有人体需要的几乎所有的营养物质，故被人们称作"理想的营养库"。

美味的鸡蛋

石油化工厂的"火炬"

在石化工厂里，你总会看到一种冒火的"烟囱"，它日夜不停地燃烧，工人们称它为"安全火炬"。

大家都知道石油是易燃物。用石油加工生产出来的化工产品，绝大多数也是易燃物，而且大部分还对人体有害。其中有一些是气态，万一泄漏出去，就会造成环境污染，危害人体健康。更危险的是，这些气体大多比空气重，蔓延后会沉积在地面，达到很高的浓度。一旦遇到火，就会造成火灾，甚至发生爆炸。为了消除这些隐患，人们干脆把它们烧掉，以防后患。这就是"安全火炬"的作用。

开采石油的成本是非常昂贵的，开采石油和使用石油制品也可能对环境带来破坏。海上探油和开采会影响海洋环境，尤其以清理海底的挖掘工作破坏环境最大。油轮事故后泄漏的原油或提炼过的油对阿拉斯加、西班牙和许多其他地区脆弱的海岸生态系统造成了严重的破坏。石油燃烧时向大气层释放二氧化碳，导致全球变暖。

石油也是不可再生资源，现在，人们正在想办法用阳光、风、地热和其他可再生能源来取代石油，作为能源。

石油化工厂

空气里有什么

据科学家测定，在干燥的空气中（按体积比例计算）有约78%的氮气、约21%的氧气、约0.94%的惰性气体、约0.03%的二氧化碳、约0.03%的其他杂质。

当然，空气的成分不是固定的，随着高度的改变、气压的改变，空气的组成比例也会改变。

燃烧需要氧，当盖上锅盖后，锅内空气中的氧气很快用完，火也就会熄灭。

在通常状况下，氮气的化学性质很不活泼，所以它常被用做保护气。例如，焊接金属时用氮气保护金属使其不被氧化；在灯泡中填充氮气以防止钨丝被氧化或挥发；粮食、罐头、水果等食品，也常用氮气做保护气，以防止食品腐烂；在医学上，常用液氮给手术刀降温，让它成为"冷刀"。医生用"冷刀"做手术，可以减少出血或不出血，手术后病人能更快康复。在高科技领域中常用液氮制造低温环境，如有些超导材料就是在经液氮处理后的低温下才获得超导性能的。

氮也是"生命的基础"，它不仅是庄稼制造叶绿素的原料，而且是庄稼制造蛋白质的原料，据统计，全世界的庄稼，在一年之内，要从土壤里摄取约4 000万吨氮。

从铁器上削下一把不带铁锈的铁屑，把它润湿后撒在一片木头上，使木片浮在一盆浅水中。然后用一只大玻璃杯倒扣在水中，罩住木片。静置三四天，就见铁屑上生了铁锈，盆里的水已稍稍上升。这说明杯中空气减少了，因为空气中的一部分氧和铁化合成了氧化铁（即铁锈）。

雷雨后的空气更新鲜

雷雨后，大雨给空气洗了个"澡"，把空气中的大部分灰尘都冲洗掉了。同时，雷电使空气发生了化学反应，空气中的氧气有一部分变成了臭氧。

臭氧也是氧，臭氧分子有三个氧原子，又名三原子氧，是氧气的同素异形体，因其类似鱼腥味的臭味而得名。

浓的臭氧是淡蓝色的，味臭，有很强的氧化力，能漂白与杀菌。但稀薄的臭氧不臭，还会散发清新的气息。雷雨后，空气中就弥漫着少量的臭氧，因而它能净化空气，使空气清新。

时下新兴起一种洗澡方式——臭氧浴。

我们身体表面存在许多细菌和污垢，会把皮肤毛孔堵塞，阻碍毛孔的呼吸和新陈代谢。臭氧浴可分解身体表面细菌和污垢，从而使皮肤代谢旺盛，光滑洁亮。

洗浴时，臭氧通过皮肤汗腺进入皮下，刺激皮下神经末梢，引起神经反射，同时进入毛细血管，随血液循环到全身各组织、器官、脏器。臭氧浴除了有氧化作用之外，还有热水的温热作用。

在距离地球表面 15～25 千米的高空，因受太阳紫外线照射的缘故，形成了包围在地球外围空间的臭氧层，这薄薄的臭氧层正是人类赖以生存的保护伞。

臭氧层主要有两个作用：一为保护作用，臭氧层能够吸收太阳光中的紫外线，保护地球上的人类和动植物免遭短波紫外线的伤害；二为加热作用，臭氧吸收太阳光中的紫外线并将其转换为热能加热大气，如果臭氧减少，则会使地面气温下降。现在，由于环境污染，在南极大陆的上空出现了巨大的臭氧层空洞，已经严重威胁了人类的生存。

千年不锈的越王勾践剑

1965 年，考古工作者在湖北江陵发掘楚墓时，发现了著名的"越王勾践剑"。此剑深藏在地下已 2000 余年，但出土时仍锋利无比，真是一个奇迹。

科学家采用质子 X 荧光非真空分析法对越王勾践剑进行了无损科学检测，发现越王勾践剑的主要成分是铜、锡以及少量的铝、铁、镍、硫组成的青铜合金。锡是一种抗锈能力很强的金属，更主要的是，剑身的黑色菱形花纹是经过硫化处理的，含硫量很高，硫化铜可以防止锈蚀，这使得越王勾践剑能历经千年不锈。

1974 年，在陕西临潼秦始皇随葬陶俑坑，出土了三把宝剑，剑身乌亮，寒光逼人。出土时不但毫无锈迹，还锋利得能一下子

秦始皇陵兵马俑

越王勾践剑

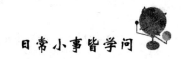

划破 10 多张报纸。

　　这三把秦剑的表面处理，比越王勾践剑更为先进。古人采用的是铬盐氧化法。铬盐酸是一种氧化能力非常强的氧化剂，剑用铬盐酸处理后，剑的表层氧化金属紧紧地覆盖在剑的表面。这层性质稳定的氧化金属虽然非常薄，但它给宝剑穿上了一层保护服，使它不会被锈蚀。在国外，这种铬盐氧化处理技术在 20 世纪 30 年代才开始应用，而中国在 2000 多年前就开始应用了。

见水变硬的水泥

水泥，是用石灰石、粘土等配制成生料，经高温烧成熟料，然后再掺入定量的石膏等，最后经磨细而成。它们是钙的硅盐及铝酸盐的混合物，这些物质都可以与水化合而成为化合物。

当人们把水及水泥混合后，就产生化学反应，会形成一种胶凝体，水分不能溶解这个胶凝体的小颗粒，时间越长，这些小颗粒间的吸引力也就越大，渐渐结成大颗粒，再把水从颗粒之间挤出去。这样，水泥就越来越硬，最后结成大块的"石头"。

美国研制出了变色水泥，这种水泥不但是理想的建筑材料，而且它还可以用于预报天气，所以有"气象水泥"之称。在天气干燥时，它呈蓝色；一旦变潮湿，即成紫色；如果下雨，则在吸收水分后变作明亮的玫瑰色。它之所以会变色，是因为在水泥中加入了二氧化钴。

印度科学家用稻壳燃烧后的灰烬与石灰发生化学反应，生产出硅酸盐水泥，这种水泥适用于水利工程和低层建筑，而且其生产成本仅为普通水泥的1/5。

水泥是一种水硬性胶凝材料，诞生于1824年，是当今世界上最重要的建筑材料之一。

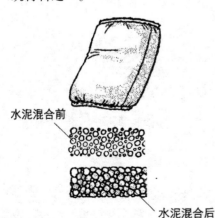

水泥混合前

水泥混合后

水泥的种类繁多，按其矿物组成成分分为硅酸盐水泥、铝酸盐水泥、硫铝酸盐水泥、氟铝酸盐水泥、铁铝酸盐水泥以及少熟料或无熟料水泥等。而按其用途和性能又分为通用水泥、专用水泥和特种水泥三大类。

随地小便的小狗

狗等哺乳类动物都有自己的势力范围，在自己的势力范围内对同一种类的其他个体是拒绝接纳的。雄犬撒尿就是在确定自己的势力范围，目的是引起其他雄犬的注意和回避。而雌犬在发情期内会尽量随地撒尿，目的是使雄犬知道它的存在和诱使雄犬靠近它。狗的尿中含有化学性的气味，它往树干、墙边和石柱上撒尿，也是在标记辨识路途的一种路标，它只需闻着这种熟悉的气味，就可以轻而易举地找回家。

人体的血液流经肾小球时，血液中的尿酸、尿素、水、无机盐和葡萄糖等物质通过肾小球的过滤作用，过滤到肾小囊中，形成原尿。当尿液流经肾小管时，原尿中对人体有用的葡萄糖、大部分水和部分无机盐，被肾小管又重新吸收，回到肾小管周围毛细血管的血液里。原尿经过肾小管的重吸收作用，剩下的水和无机盐、尿素和尿酸等就形成了尿液。

尿液的形成是连续不断的，尿的排出是间歇的。当膀胱里的尿液贮存达到一定量时，膀胱壁受压，就要排尿。如果膀胱经常积尿太多，不及时排出，就会使膀胱过度膨胀而影响正常功能，所以我们不可憋尿。

健康的人每天排出的尿液大约为1.5升。人体每天摄取的水量和排出的水量必须维持相对的平衡。

尿是我们身体大循环里的"清道夫"，成分是95%的水加5%的代谢物，所以，一些疾病可以从尿液的颜色上表现出来。

通常情况下，尿的颜色是黄色的。在这些5%的代谢物中，有一种成分叫尿色素，尿色素是由肾脏产生的一种黄色的物质，从而把尿染成了黄色。

尿液的颜色并不是一成不变的。尿液的颜色有时是黄褐色，有时是淡黄色，有时几乎是无色的。尿液的颜色随人体每天饮水量的多少、出汗的多少等而发生变化。因为肾脏每天产生的尿色素的量大致是一定的，如果饮水量较多，或吃含水分较多的水果等食物时，人的尿量就会增加，尿色素被稀释，尿的颜色变浅。如果大量出汗，或饮水量少，就会使尿量减少，尿液浓缩而呈深黄色。

从嘴里呵出的"白气"

我们嘴里呵出的气含有水分，是一种无色透明的气态水。冬天，当嘴里的气体从温暖的口腔里出来后，遇到了空气，此时的空气相对要冷得多，因而嘴里的气受冷后，会马上凝结成小水滴，小水滴聚集在一起，看起来就是白色的气了。夏天，空气温度很高，所以从嘴里呵出的气不会冷凝成小水滴，我们也就看不到"白气"了。

观看演出时，我们常能看到舞台上冒出一股"白烟"来，这股白烟可不是水汽变成的，而是干冰的杰作。

干冰是固体二氧化碳，一般情况下，我们是见不着液态二氧化碳的，固体二氧化碳会直接升华成为气态。在常温常压下，二氧化碳是气态。在低温或高压下，二氧化碳就成为固态，形状似冰雪。当舞台上喷出干冰后，干冰遇热升温，升华成二氧化碳，干冰升华时会吸收大量的热，使其周围的温度迅速降低。处于低温区内的水蒸气就会液化成小水珠，许多细小的水珠聚在一起，在空中飘浮，就成为"白烟"。

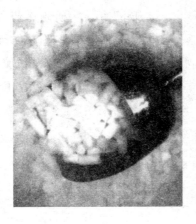

干冰

棉花与炸药

　　棉花确实可以用来制造炸药。棉花的化学成分是纯净的纤维素，属于碳水化合物，容易燃烧。但是，它在燃烧时不发生爆炸。人们把棉花与浓硝酸以及浓硫酸混合作用后，就可以制成炸药。因为硝酸像个氧的仓库，可以提供大量的氧，使棉花剧烈燃烧。这样的棉花燃烧时，体积可突然增大47万倍。而且燃烧的速度也十分惊人，它能在几万分之一秒内完全燃烧，由此产生巨大的爆炸力。

　　为了降低这种炸药的爆炸速度，人们把棉花浸在液态氧里，做成液氧炸药，用雷管引爆，这样，它的脾气不太"火爆"，但爆炸起来威力更大。

　　最早的炸药是黑色火药，它是9世纪初由中国炼丹师们发明的。后来火药由蒙古人和阿拉伯人传入欧洲。直至19世纪，黑色炸药一直是世界上唯一的爆炸材料。

　　18世纪以后，化学作为一门科学有了迅速的发展，为炸药原料的来源和合成及制备提供了条件。许多化学家致力于研制性能更好、威力更大的爆炸材料，使各种新型炸药不断涌现。

　　1887年，为研制炸药九死一生的瑞典化学家诺贝尔发明了一种使硝酸甘油稳定的方法，制成了无烟火药。他还将硝酸铵加入炸药，代替部分硝酸甘油，制成更加安全而廉价的"特强黄色火药"。诺贝尔后来立下遗嘱，设立了诺贝尔奖。

诺贝尔

大轮船不沉之谜

现代的大轮船都是用钢造成的，钢铁投入水中会下沉，但轮船却能漂浮在水面上。

原来，在水里的轮船，四周同时会受到来自水的压力，不过它前后两面所受的压力大小相等，方向相反，相互抵消了；左右两面的压力也同样相互抵消了。轮船的底面上也要受到水的压力，这种压力就是竖直向上的浮力，只要浮力大于轮船的重量，就会托住轮船使它不会下沉。浮力与物体吃水的深度及物体浸没在水里部分的体积成正比，轮船愈大，吃水愈深，就意味着船所排开水的重量愈大，船所得的浮力也愈大，轮船当然就不会下沉了。

世界上，第一个找到"浮力"的是阿基米德，为此他做了大量的实验。他把陶盆灌满水，放入一块木头，从陶盆排出的水正好等于木头的重量，他记了下来；又往木头上放了几块石子，再排出的水又正好等于石子的重量。接着，他又用蜡块等密度小于水的物体代替木块重复这个实验，然而每次的实验结果都是一致的，这表明它们遵循着相同的规律。他把石头放到水里，用秤在水里称石头，比在空气中轻了许多，这个轻重之差正好等于石头排出的水的重量。阿基米德将手边能浸入水的物体都这样——做过实验，终于明白："物体在液体中所受到的浮力，等于它所排开的同体积的液重。"这就是阿基米德发现的浮力定律，也叫阿基米德定律。

航行在海洋上的轮船

用管子抽水玩

虹吸现象是利用水的压力差，使管子中的水上升后再流到低处的一头。由于两管口一高一低，水会由压力大的高处流向压力小的低处，直到两边的水压相等，容器内的水面变成相同的高度，水就会停止流动。

17 世纪，有个奥托的人在德国马德堡广场做了一个有趣的实验，让人们大吃一惊。他让空气"大力士"与马进行了一场别开生面的比赛。实验是将直径大约 55 厘米的半圆铁球扣拢在一起，球边涂上一层油脂防止漏气，将球里的空气抽光，球外的大气压力将这两个半球紧紧地压在一起。人们用了 16 匹强壮的马，向两边使劲地拉，才将两个半球拉开。这个实验证明大气的压力有多么大啊！

把一个装满水的瓶子放到桌上，在桌旁椅子上放一个同样大小的空瓶子。把一根橡皮管灌满水，捏住管子的两头，一头插进桌上的瓶子里，另一头插进椅子上的空瓶子里。松开捏住管口的手，你会看到，只要一个瓶子里的水位比另一个瓶子的水位低，水就会从水位高的瓶子流向水位低的瓶子里。

能穿透人体的神奇光线

波长在 4 000 ~ 7 700 埃（1 埃等于千万分之一毫米）之间的叫可见光，波长小于 4 000 埃的，叫紫外光或紫外线，是不可见光，X 射线是比紫外线的波长更短的光，它也是不可见光。可见光只能穿透透明体，X 射线却能穿透不透明的物体。

用 X 射线透过人体，为何能在荧屏上显示出骨头的影子来？原来，对于由较轻原子组成的物质，如肌肉等，X 射线透过时很少有所减弱，但对于骨头等由较重原子组成的物质，X 射线几乎全部被吸收了。因此，在用 X 射线透视人体时，在荧屏上就留下了人体内组织的黑影，由此透过人体肌肉看见肺部。

美国科学家、诺贝尔物理学奖获得者贾科尼领导研制了世界上第一个宇宙 X 射线探测器。1978 年，该探测器进入太空，它首次为人们提供了精确的宇宙 X 射线图像，使科学家获得了大量的新发现。运用这个"宝贝"，贾科尼在世界上第一次发现了太阳系外的 X 射线源，并证实了宇宙存在 X 射线背景辐射。

1895 年 9 月 8 日这一天，威廉·康拉德·伦琴正在做阴极射线实验。当伦琴接通阴极射线管的电路时，他惊奇地发现在附近一条长凳上的一个荧光屏上开始发光，恰像受一盏灯的感应激发出来似的。他断开阴极射线管的电流，荧光屏即停止发光。由于阴极射线管完全被覆盖，伦琴很快就认识到当电流接通时，一定有某种不可见的辐射线自阴极发出。由于这种辐射线的神秘性质，他称之为"X 射线"——X 在数学上通常用来代表一个未知数。后人又把这种射线叫做伦琴射线。

钱德拉 X 射线望远镜

矮烟囱与高烟囱

大家知道，燃烧需要空气（空气里的氧气）。炉子生燃后，它里面的空气受热后温度很高，使空气密度降低并向上升，通过烟囱排出去。

烟囱里的高温气体的密度比周围空气的密度小，这就产生了压力差，形成抽力。烟囱越高，压力差就越大，产生的抽力也就越强，这就能使炉内燃烧后产生的气体很快排出去，让更多的新鲜空气快速进入炉内，让燃烧更充分。

世界上最高的烟囱，坐落在加拿大安大略省，是国际冶镍公司建造的。

这个巨大的烟囱高达 379.6 米（有 100 多层楼那么高），底面直径 35.4米，顶面直径 15.8 米，重 39 吨。该烟囱于 1971 年启用。

中国最高的烟囱，位于山西神头第二发电厂。这里的两个煤炉合用一座巨大的烟囱，全高 270 米，堪称中国第一烟囱。

陆地上有人类建造的烟囱，海底里也有"黑烟囱"呢。

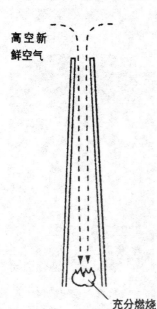

高空新鲜空气

充分燃烧

1979 年，美国的"阿尔文"号载人深潜器在 1 650 米至 2 610 米的东太平洋海底熔岩上，发现数十个冒着黑色和白色烟雾的"烟囱"。从"烟囱"里喷出的是来自地底的高温含矿热液，矿液刚喷出时为澄清溶液，与周围海水混合后，很快产生沉淀变为"黑烟"，沉淀物主要由磁黄铁矿、黄铁矿、闪锌矿及其他铜铁硫化物组成。这些海底硫化物堆积形成直立的柱体及圆丘，被形象地称为"黑烟囱"。这些亿万年前生长在海底的"黑烟囱"不仅能喷"金"吐"银"，形成海底矿藏，而且很可能和生命起源有关，已成为 21 世纪科学家们最感兴趣的研究领域之一。

半球形的安全帽

物体的坚固程度，除与自身的强度有关外，它的外形也很重要。研究表明，物体经受外来冲击力最佳的形状是球形等凸曲面，凸曲面能使外来压力沿凸曲面扩散，而且受力较均匀，把安全帽做成半球形，就能使半球形承受较大的冲击力。

如果一块砖头从高处落下击中了安全帽，因重力加速度的作用，安全帽要承受很大的冲击力，而且破坏力极大，但安全帽光滑的半球形壳体却能把冲击力沿球面平均地分散，而且，帽内的弹性衬垫物又使冲击力进一步得到缓冲，这就使头部承受的冲击力大为降低，使建筑工人的头部得到很好的保护。

2006 年，一种新式消防安全帽配发给北京消防队。这种新式消防安全帽提高了对消防员头部保护的能力，3 千克的钢锥从 3 米的高处落下不能将它穿透，安全帽外壳的泡沫冲击力吸附垫和十字缓冲带，将头部所受冲击力大部分吸收掉，从而实现对头部的安全保护。安全帽整体荧光着色，能发光，每次受光后在黑暗中可以连续发光 12 小时。不过，这还不是最好的消防安全帽，未来的消防安全帽还将具有夜视、GPS 和及时通信的功能，它甚至能帮消防员指出安全通道。

防暴队员使用的头盔

会变色的眼镜

在骄阳下、在皑皑白雪中，人们为了防御强光对眼睛的刺激，往往会戴上变色镜。

变色眼镜之所以有这种特殊的变色功能，是因为在制造镜片时，加入了适量的卤化银作为感光剂。卤化银有一种重要的化学性质，它对光线相当敏感。

在较强的光线照射下，卤化银会分解为银原子及卤素，银原子就会颜色变暗。一旦外界强光消失后，银原子及卤素很快相互结合成卤化银，使镜片恢复透明状态。而且这种变换可以反复进行，不会老化。

13 世纪中期，英国学者培根见许多人因视力不好，不能看书，于是他想发明一种工具来帮助人们提高视力。为此，他想了很多办法，做了不少试验，但都没有成功。

一天雨后，墙根到花园散步，看到蜘蛛网上沾了不少水珠，他在透过水珠看树叶时，发觇连树叶上细细的毛都能看清楚。

培根立即回家找出一颗玻璃球。可透过玻璃球看书，书上的文字模糊不清。于是，他将玻璃割出一块，用这块玻璃片看书，书上的文字果然放大了。培根欣喜若狂，他将玻璃球片装在一块木片上，并安上一根柄，便于手拿。

这是最早的放大镜。

经过人们的不断改进，这种镜片变成了现在人们戴的眼镜。

利用现代高科技，人们不断开发出各种新式眼镜。

法国研制的后顾眼镜能够往后看，它在镜框边上装有一个小夹具，上面带有一个小棱镜，因此可看到背后。

美国推出的收音机眼镜设计独特，上面装有微型收音机，人们戴上这种太阳镜后，即可收听广播。

英国研究人员发明一种新型智能眼镜，其镜框中装有一部微型电脑，能够自动地调整镜片的度数。

不怕雷的避雷针

防直击雷装置由接闪器、引下线和接地装置三部分组成。接闪器就是大家通常所说的"避雷针"，它通过引下线和接地装置与大地相连。避雷针高高耸立，高于被保护的所有物体，与雷云的距离最近，所以，它最易吸引雷电，雷电通过避雷针提供的放电通道泄放入地。这样，雷击虽然还是发生了，但总是击向避雷针，而不是击向要保护的物体，所以避雷针实际是引雷针。它将雷电吸引至自身，使雷电通过引下线至接地装置而泄放到大地上，从而使保护对象免遭雷击。

现代避雷针是美国科学家富兰克林发明的。富兰克林认为闪电是一种放电现象。为了证明这一点，他在 1752 年 7 月的一个雷雨天，冒着被雷击的危险，和他的儿子一起，做了一个历史上非常著名的雷电实验。他将一个系着长长金属导线的风筝放飞进雷雨云中，在金属线末端拴了一串铜钥匙。当雷电发生时，富兰克林手接近钥匙，钥匙上迸出一串电火花，手上还有麻木感。幸亏这次传下来的闪电比较弱，富兰克林没有受伤。这次试验非常成功，让富兰克林充分认识了雷电的性质，并由此发明了避雷针，首先在自己费城的住宅安装了避雷针。此后，避雷针便在世界上流行开来。

据史书记载，我国汉朝时，有一次一处大殿遭到雷击引发火灾，一位巫师后来将一块鱼尾形状的铜瓦放在层顶上，由此防止了雷击的再次发生。专家们认为，这块铜瓦是现代避雷针的雏形。

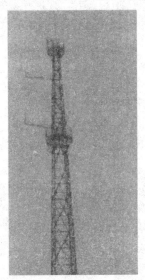

避雷针

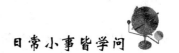

车轮上的花纹

大家都知道，车辆轮胎上有许多凹凸不平的花纹。不同的车辆，轮胎不同，花纹的形状、宽窄也各不相同。

人们给轮胎加上花纹的目的，并不是为了漂亮，而是为了加大车轮与地面间的摩擦力，防止车轮在路面上打滑。

通过不断完善，人们将车轮花纹分为通用、高越野性和联合式花纹三大类，它们的几何形状有纵向直线、横向直线、斜线、块形和混合式五种。

车胎花纹的样式与深浅也大有讲究呢。轮胎制造厂的主要研究方向除了轮胎橡胶成分的配方外，最重要的就是轮胎花纹了。轮胎的花纹深度一般不能低于1.6mm，如果花纹太浅，当车子遇到水路时，车轮高速旋转，使水不能排出，就会出现打滑等危险现象。在多雪地区，有经验的汽车司机总会检查一下轮胎花纹深浅，如果发现轮胎的花纹磨损得很厉害了，就会提前进行更换，保证行车安全。轮胎的花纹太浅时，除了排水不好以外，也易导致爆胎，被尖硬物刺破胎面等事故。

铁为什么比木头冷

在寒冷的冬天，我们触摸铁和木头时，总是感到铁制品比木制品冷。但它们的温度其实完全相同。

原来，物体传热能力是由导热系数决定的，物质的导热系数高传热就快，反之传热就慢。铁的导热系数比木头高，所以，铁的传热速度比木头快。

冬天，人们接触铁制品时，因铁的传热能力强，我们手上的热量很快就传到铁制品上；但木制品传热能力差，因而手上的热量就传得慢。这就是我们感到铁比木头冷的原因。夏天，情况正好相反。

热是什么？自古以来就有不同的看法。

最初，人们认为热是某种"东西"，即某种物质，叫它"热质"，物体中的"热质"多，物体就热："热质"少，物体就冷。当一个热的物体与一个冷的物体碰到一起，热质就从热的物体里流出，进入冷的物体，于是热的物体变冷，冷的物体变热，直到它们冷热一样为止。后来人们发现，热不是什

在自然界"绝对零度"是无法到达的，即使用精密仪器也只能接近这个温值

么物质，它是大量的物质微粒的混乱运动，这种运动越剧烈，物体就越热。

今天的科学家认为，热是指组成物质的大量分子做无规则运动的表现。这种无规则的运动也称为热运动。人们虽然看不见热运动，但却能感觉到它的存在。

温度是表征物体冷热程度的物理量。用来量度物体温度数值的标尺叫温标。它规定了温度的读数起点（零点）和测量温度的基本单位。目前国际上用得较多的温标有华氏温标、摄氏温标、热力学温标和国际实用温标。

温度的上限是无限的，而温度的下限是 $-273.15℃$，也称为"绝对零度"。"绝对零度"是自然界中可能的最低温度。在绝对零度下，原子的运动完全停止。

冻豆腐的小孔是谁弄的

豆腐里有许多小孔，这些孔有大有小，有的互相连通，有的闭合成一个个小"容器"，这些孔里一般都有水分。

大家知道，水有一种特性：在4℃时，它的密度最大，体积最小；但是水在0℃结成冰时，它的体积不是缩小而是胀大了，比常温时水的体积要大10%左右。如果把常温下的豆腐冻起来，豆腐里的小孔便被冰撑大了，整块豆腐就被挤压成网络形状。可当冻豆腐放在沸水煮后，豆腐内的冰融化成水从豆腐里跑掉，留下那一个个像泡沫塑料一样的小孔。

很早以前，我国人民就已经懂得了冰冻膨胀的原理，并利用它来开采石头：冬天，他们在岩石缝里灌满水，让水结冰膨胀，把巨大的山石撑得四分五裂，很快就能采到大量的石料。

近年来，工业生产上出现了一种巧妙的新工艺——"冰冻成型"，也是冰冻膨胀原理的应用。办法是：根据零件的形状，用强度很大的金属，做一个凹形的阴模和一个凸形的阳模，把要加工的金属板放在两个模的中间，在阳模和密闭的外壳之间，灌满4℃左右的水，然后把这个装置冷却到0℃以下。这时，由于水结冰，体积膨胀，所产生的巨大力量把阳模压向阴模，便把金属板压成一定形状的部件。

豆腐以黄豆为主要原料做成，是中国的一种传统食品。相传豆腐是公元前164年，由汉高祖刘邦之孙淮南王刘安所发明的。刘安在八公山上炼丹，无意中以石膏点豆浆而成。

7世纪末豆腐传入日本。如今豆腐在日本、越南、泰国、韩国等国家已成为主要食物之一。

蓝蓝的天蓝蓝的海

海洋的颜色是太阳光造成的。当太阳光照射到大海上时，波长较长的红光和橙光由于透射力强，它们在前进的过程中，不断被海水和海洋中的生物所吸收。而蓝光和紫光由于波长较短，一遇到海水的阻碍就散射开来，或者被反射回去，只有少部分海水和海洋表面生物所吸收。

当被散射和被反射的蓝光和紫光进入到我们眼中，我们所看到的大海就变成碧蓝的了。

我们看到的天空的颜色，实际上是经大气层散射的光线的颜色。科学家的研究表明，大气对不同色光的散射作用不是"机会均等"的，波长短的光受到的散射最厉害。当太阳光受到大气分子散射时，波长较短的蓝光被散射得多一些。由于天空中布满了被散射的蓝光，地面上的人就看到天空呈现出蔚蓝色。空气越是纯净、干燥，这种蔚蓝色就越深、越艳。

如果天空十分纯净，没有大气和其他微粒的散射作用，我们将看不到这种璀璨的蓝色。比如在 2 万米以上的高空，空气气体分子特别稀薄，散射作用已完全消失，这时的天空会变得暗淡。

火车的响声

一般情况下，随外界温度的变化，物体会产生热胀冷缩现象，温度升高，体积就增大；温度降低，体积就缩小。

铁路专家研究发现，钢轨温度每升降1℃，每1米钢轨就会伸缩0.0118毫米。在中国，冬夏之季南北温差很大，由一根根钢轨拼接成的轨道如果没有预留缝隙，受逮种热胀冷缩的作用就会发生胀轨和断轨现象，对行车安全非常不利。所以，钢轨之间都预留了缝隙，中国铁路的铁轨接头之间的缝隙在18毫米之内。

热胀冷缩就是物体受热时会膨胀，遇冷时会收缩。这是由于物体内的粒子运动会随温度改变，当温度上升时，粒子的振动幅度加快，令物体膨胀；但当温度下降时，粒子的振动幅度便会减慢下来，使物体收缩。

热胀冷缩是一般物体的特性，但水（0℃~4℃）、锑、铋、镓和青铜等物质，受热时收缩，遇冷时会膨胀，恰与一般物体特性相反。

温度计就是利用热胀冷缩最简单的例子。因为水银的膨胀系数比较大，变化较明显。人们就把水银或酒精，导入密封的玻璃管，用来测量温度。

用钉子在铁盒钉一个孔，要使这个孔刚好能让钉子自由进出。然后用镊子夹住钉子，将钉子在火炉上加热，再试着往盒子上的那个孔里插。你会看到：加热过的钉子插不进那个孔里。

这是因为，固体受热要膨胀，固体中分子运动的速度加快，分子向四周扩散开，因此所占的空间也大了。

为什么人行道的地砖每块之间还留有空缝？为什么有的门在夏天很紧，开关不方便？现在你该明白这些道理了吧。

延伸至远方的铁轨

双层玻璃窗的妙用

　　火车车厢的玻璃窗是两层的，如果只有一层玻璃窗，这层玻璃不能分隔车厢内外的冷、热空气，车厢内的温度会与外面的差不多，起不到车内空调控温的作用。寒冷季节，车厢内空气里多余的水汽还会在玻璃上凝成霜露，影响玻璃的透明性。

　　装了两层玻璃，就多了一个隔层——空气，不但隔音，更增加车窗分隔车内外冷热空气的能力。空气不易传热，用空气来做隔层。

　　找一个金属瓶盖，把瓶盖翻转过来，滴上一二滴硅酸钠溶液，用极少量氧化钙粉末调匀，然后用蜡烛火苗对着盖底将其加热。最初这混合物膨胀而呈白色，但继续加热后，它就变成一粒坚硬透明像玻璃一样的物质了。

火车的两层玻璃窗

六角形的螺母

螺母通常是六角形的，为什么不做成四角形、八角形的呢？

六角形的螺母，使用起来非常方便，而且还能最大限度地利用材料。机器上留给安装螺母的地方较小，扳手活动的地方也有限。六角形的螺母，一次只需扳动60°，就可以慢慢把螺母拧紧。

此外，螺母通常是用圆形的材料制造的，同样的材料，做六角螺母要比做四角螺母切掉的金属少，所以用相同的圆棒做出来的六角螺母，要比四角螺母大。从强度上来看，大螺母要比小的坚固得多，这样就最大限度地利用了材料。

大自然中，六角形的物体很多，如雪花都是六角形的，这是为什么呢？

大气中的水分子在冷却到冰点以下时，就开始凝华，而形成水的晶体（即冰晶）。冰晶属六方晶系，六方晶系具有四个结晶轴，其中三个辅轴在一个基面上，互相以60°的角度相交，第四轴（主晶轴）与三个辅轴所形成的基面垂直。

大气中的水汽在结晶过程中，往往是晶体在主晶轴方向生长速度慢，而三个辅轴方向则快得多。当大气中的水汽十分丰富的时候，周围的水分子不

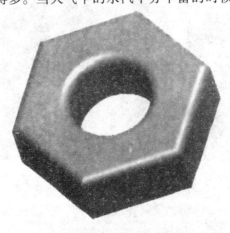

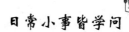

断地向最初形成的晶片上结合，其中，雪片的六个顶角首当其冲，这样，顶角上会出现一些突出物和枝杈。这些枝杈增长到一定程度，又会分叉。次级分叉与母枝均保持60°的角度，这样，就形成了一朵六角星形的雪花。

如果仔细观察过蜂房，你一定会发现：蜂房由许许多多大小相同的窝组成。从正面看，它们是排列得整整齐齐的六角形；从侧面看，它们是紧密地排列在一起的正六棱柱，而每个正六棱柱的底则是由三个完全相同的菱形组成的尖底。从力学角度看，六角形是最稳定的。并且多个正六边形紧密排列在一起，中间可以不留空隙。蜂窝的底是菱形组成的尖底，每个菱形的钝角都是109°28′，锐角都是70°32′，这一特定的菱形结构，最有效地利用了材料和空间。

什么比金刚石还硬

如今，世上还没找到比金刚石更硬的材料，想用固体刀具来加工金刚石是不可能的。

但是，科学家发明了许多特殊的加工方法，如用电火花、电子束和激光等来加工。它们都不是固体刀具，但它们能任意切割金刚石这样的硬材料。

如激光打孔，其原理是：把高能量的激光束聚焦于金刚石零件表面，在这个区域就产生了极高的温度，高温使零件表面急剧熔化，并迅速地气化蒸发，这就使零件产生了孔洞。

在金刚石的评估中，颜色的评定是一项很关键的工作。首饰界一般公认无色金刚石是最好的，而黄色、棕色的则差一些。对于分级标准外的其他颜色，如红色、蓝色、紫色等，因极为罕见，故这些颜色的金刚石被称为彩钻，均为金刚石中的珍品，其价格远远高于一般金刚石的计价标准。如在 1987 年4 月 28 日伦敦克里斯蒂拍卖行一次金刚石拍卖会上，一颗重量仅为 0.95 克拉的紫红色金刚石，其成交价竟高达 88 万美元。

耀眼的钻石

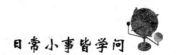

圆形的轮子

运动物体之间的摩擦分为滑动摩擦和滚动摩擦。通常情况下，滚动摩擦远小于滑动摩擦。只有圆形的轮子可以产生滚动摩擦，其他形状的轮子是不可能产生的。

而且汽车运行时，车轮在地面滚动，车轴与地面的距离，总是等于车轮半径。这样坐在车上的人，才觉得很平稳。

这就是轮子都是圆形的缘故。

这个实验很有趣！借一只汽油桶或别的小桶。把桶立起来，从房间的这一头推到房间的另一头，然后再将桶侧倒，滚回来。

你会看到，滚动要比直立着推省力得多。这是因为：滚动摩擦比滑动摩擦要小。

"折断"的筷子

　　我们知道，光在同一种物质中是沿直线传播的。但是，光如果从两种密度不同的物质中通过，那么在这两种物质交界的地方，光的传播方向就会发生改变，这种现象叫做光的折射。

　　光从空气进到水里，因为水的密度比空气大，于是，在水和空气分界面发生折射。这样，筷子在水中的部分和在空气中的部分形成了一定的角度，所以，我们看到筷子像折了一样。这种现象是因为光的折射造成的。

　　往一个干净的玻璃杯或瓶子里倒满水，把杯子挪到一本书前，从杯子这面读书上的字。你会看到，书上的字变大了。

　　这是因为玻璃杯壁是弧形的，光线斜着照进玻璃杯，当它通过水的时候发生了折射，方向改变了，字就变大了。放大镜就是根据这个原理制成的。

体操运动员为什么要擦白粉

体操器械（单杠、双杠、高低杠等）的表面很光滑，摩擦力较小，这有利于体操运动员做动作。

但是，由于手掌和器械之间的摩擦力很小，手掌不容易握紧杠子之类的器械，导致动作失败甚至还会发生危险。

擦粉就是为了增加手掌与器械之间的摩擦力，防止从杠上脱手。如果不使用镁粉之类的防滑剂，运动员很难在单杠、吊环、双杠上完成大摆动类型的高难度动作。所以，运动员们在比赛前都要在手上抹一些白粉（碳酸镁）。这些白粉在体操运动中可用来防滑、吸汗。

在工程技术中，人们往往通过施加润滑剂的方法来减少摩擦，研究这个问题的科学称为摩擦学，它是机械制造的一个分科学。

假如两个运动面之间有一层完整的润滑剂的话，那么它们之间还有没有摩擦力？

答案是有。物体在相互运动时，摩擦是无法避免的。即使在两个运动面之间有一层完整的润滑剂，但通过运动面与润滑剂的分子之间的摩擦依然会存在。

飞机上不要打手机

现代飞机都拥有先进的电子导航系统，而控制这些装置的是计算机系统与电信号。

手机等电子设备一般都能产生电磁辐射，发射电磁波。如果在飞机上使用个人电子用具（移动电话等），它发出的电磁波就会干扰计算机化的驾驶系统和飞机上的电信号，造成飞行失控。

所以，乘客要遵守乘机规则，不要随意在飞机上使用个人的电子用具。

我们生活在一个巨大的电磁辐射"微波炉"中，这些辐射或多或少对人体健康造成了危害。

以下是家用电器辐射量：

音箱：20MG　电冰箱：20MG　电视机：20MG

空调：20MG　洗衣机：30MG　VCD：30MG

复印机：40MG　电脑：150MG　吸尘器：200MG

微波炉：200MG　手机：200MG

鸡蛋怎样易剥壳

在我们所遇到的物质中，大都有热胀冷缩的物理特性，但各种物质有不同的伸缩状况。鸡蛋是由硬的蛋壳和软的蛋白、蛋黄组成，所以，它们的伸缩状况也不同。在温度变化均匀时，还显示不出来，但在温度剧烈变化时，蛋白和蛋壳的情况就大不一样了。当煮得滚烫的鸡蛋骤然浸到冷水里，由于温差变化较大，蛋壳会猛然收缩，蛋白还处在原有温度没有收缩，这就形成了蛋壳与蛋白的脱离。因此，剥起来就容易了。

早在3000多年前，人们就利用"热胀冷缩"的原理进行各种生产活动。

据《华阳国志》记载：战国时候，蜀郡太守李冰开凿都江堰时，为了清除江中大石，先在巨石上开凿一条隧道，然后填上干柴，用火烧石，再趁热浇冷水，坚硬的岩石在热胀冷缩中炸裂。在这里，李冰巧妙地运用了"热胀冷缩"原理。

如果我们仔细观察一下就会发现，水泥路面往往会有许多或大或小的裂缝，这是由于路面白天受太阳的照射受热膨胀，晚上气温降低路面收缩所致。一年四季中，气温也不一致，这也是造成水泥路面裂缝的原因。

水泥地面上的小沟可以防止因热胀冷缩
而导致地面裂开

宇航员容易老

在太空飞行中，宇航员会患"太空运动病"，它会使宇航员的视觉、听觉、位置感等失调，影响工作和生活，也会使宇航员的心血循环系统失调。

更为严重的是，人的骨骼（包括肌肉）只能适应地球引力。进入失重的太空后，这些能力马上会消失，肌肉会萎缩，骨骼中的矿物质（如钙）逐渐减少，钙的大量流失会造成骨质疏松。

失重还会造成脑垂体分泌激素数量的降低，这就使人体的新陈代谢速度和免疫功能下降。此外，宇宙中有害射线太多，对宇航员也会造成伤害。这些都是宇航员容易衰老的原因。

自从1961年4月12日前苏联宇航员加加林完成第一次宇宙飞行以来，一

冒着生命危险进行太空行走的宇航员

共有近千名地球人和动物去过太空。科学家仔细检查这些宇航员和动物的身体后，得出一个令人尴尬的结论——哺乳动物并不擅长在无重力状态下生活。

人类在失重状态下会丧失方向感。在失重状态下人类动作会变得迟缓，进而患上 SAS 病（宇宙不适应症候群）。

一旦密封舱或航天服遭流星、太空垃圾袭击或其他机械损伤，哪怕是一个很小的小洞或裂缝，空气就会很快跑光，使航天员窒息死去。宇宙飞船在背着太阳时，温度极低，一旦温度调控设备发生故障，会因体温极度下降而被冻死。

在太空失重的环境中大小便，是一件具有险情的麻烦事儿。航天事业开始的时候，是用胶布把便袋粘在臀部上，一不小心，便袋脱落，粪便就会到处飘飞。女航天员大小便比男航天员更难。美国在地面上对人的大小便过程进行了录像，然后进行研究，最终才制造出男女都实用的太空马桶。

需要注意的是，在太空中放屁，也必须小心，因为其反作用力可能会把人推走，而且还会污染航天器座舱中的环境。此外，屁中的氢和甲烷，还是可燃气体，严重时还可引起爆炸。

美丽的"流星雨"

在各种流星中，最美丽、最壮观的是流星雨。它是地球在运行中，遇到大量宇宙尘粒（流星群）而造成的。

太阳系内有大量的尘埃微粒和微小的固体块，它们绕各自的轨道运行。它们之间有时会发生碰撞。碰撞后，许多小块聚集成群，沿相同轨道运行，形成了流星群。

当流星群的轨道与地球轨道相交，地球穿越这种区域时，便会有大批尘粒进入地球大气层，从而形成了流星雨。

狮子座流星雨算得上是世界上最著名的流星雨，它被称为"流星雨之王"。每年11月14日至21日，尤其是11月17日左右，都有一些流星从狮子座方向迸发出来，这就是狮子座流星雨。狮子座流星雨产生的原因跟一颗叫坦普尔—塔特尔的彗星有关。这颗彗星绕太阳公转，周期约为33年。同时，它不断抛撒自身的物质，就像洒水那样，在它行进的轨道上留下许多小微粒，但这些小微粒分布并不均匀，有的地方少，有的地方密集，当地球遇上微粒少的地方，出现的流星就少；遇到密集的地方，出现的流星就多。

1833年，狮子座流星雨出现在地球上空，整个天空被流星照亮，成千上

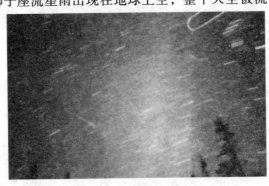

美丽的流星

万颗"星星"在天上飞舞，就像漫天雪花在飘扬。据估计，在这场长达 9 小时的流星雨事件中，一个人至少可以看到 24 万多颗流星。人们被狮子座流星雨的壮观景象惊呆了！

流星雨并不是我们平常所说的雨。流星雨有强有弱，弱的流星雨，一个钟头只能观测到 2～3 颗甚至更少。曾有人观测到强的流星雨，每秒钟达 20 颗以上，呈现非常壮观的景象，这样的强流星雨叫流星暴。

观测流星雨时最好要避开城市灯光的影响，到郊外找一个视野开阔的地方，用肉眼直接面向天空就可以了。不要带天文望远镜，因为它不适合观看流星雨，你可以带上双筒望远镜，用它来观看流星雨。

珊瑚虫的杰作

珊瑚很美，它们有的像一株株树枝，有的像一个个晶莹的高脚酒杯，有的像一朵朵盛开的花……这些美丽的"工艺品"正是海洋中的动物珊瑚虫的杰作，它们是由珊瑚虫的骨骼堆积而成的。

珊瑚虫是一种生活在海洋中的低等动物，大多数的珊瑚虫外胚层细胞能分泌骨骼，这些骨骼是由外胚层分泌的角质或石灰质形成的，它们堆积起来，积少成多，就形成了好看的珊瑚。由于珊瑚虫群体生在一起构成的形状不同，所以它们的骨骼堆积起来的形状也不同。

珊瑚虫喜欢生长在水流速度快、温度较高、比较干净的浅海，它们极易繁殖，它们可以在死去的珊瑚残骨上继续繁殖生长，由此使珊瑚一年年长高变大。小小的珊瑚，让人不可小瞧！

石珊瑚的骨骼是构成珊瑚礁和珊瑚岛的主要成分，这些珊瑚岛礁围绕在沿海，如同海边的天然防浪长堤。石珊瑚还能用来盖房子、筑路、烧制水泥呢！

世界上最大的珊瑚礁是澳大利亚东北部的大堡礁。直到近年来，科学家才发现，大堡礁其实是由大约 2 900 个独立的礁石系组成的。大堡礁像一条长带斜卧在那儿，长达 2 000 多千米，东西最宽处达 150 千米，面积约 8 万平方千米。它大部分礁石隐没在水下，露出海面的成为珊瑚岛。500 多个珊瑚岛，星罗棋布散落在海面上，使那里成为海洋生物生活的"乐园"。

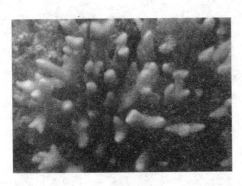

珊瑚

蚯蚓的再生本领

蚯蚓被截为两段后，它断面上的肌肉组织就会加强收缩，一些肌肉细胞快速溶解，形成新的细胞团。这时，蚯蚓体内的一部分未分化的细胞马上就被输送到这里，形成再生芽。其体内的器官、神经系统以及血液等组织细胞，通过大量、快速地繁殖，迅速地向再生芽里生长。这样，切面上就会快速地再生出另外一个头来。同样，另一端也会自然生出一条尾巴来。所以，一条蚯蚓被截成两截以后不会死，而且能够再生，变成两条蚯蚓。

蚯蚓也叫"地龙"，它生活在潮湿、疏松、富含有机物的土壤中。它其貌不扬，身体柔软，长而圆，由多个体节组成，体表富有黏液。体节上生有刚毛，蚯蚓就是靠刚毛钉住地面以及体壁肌肉的舒缩，来使自己的身体波浪式地向前蠕动。蚯蚓长期生活土壤里，感觉器官不发达，没有听觉，眼也已退化，只有感光细胞，对光有敏锐的反应。蚯蚓能使土壤疏松，其粪便能使土壤肥沃，号称"土壤营养师"。

蚯蚓

蛤蚌里面长珍珠

海滨中的蛤、珍珠贝以及淡水里的蚌等贝类的最里层是"珍珠层"，它是由外套膜分泌的珍珠质组成的。当寄生虫、沙粒等异物钻进蛤、蚌的壳里时，它们一时无法将这些异物排出，受到痛痒的刺激后，就分泌珍珠质来包围它。天长日久，这些异物外面被包上很厚的珍珠质，最后变成了明亮的珍珠。

今天，在珠宝店里看到的珍珠基本上是人工养殖的产品。人们将一颗核注入蚌或蛤中，一般两年后就可以收珠了。这个人工养殖的方法是由日本的御木本幸吉发明的，他于1896年获得了这个生产方式的专利权。

一开始，御木本幸吉使用一种比较小的珍珠蛤来生产珍珠，这种蛤本身只有6至7厘米大，因此直径大于10毫米的日本珍珠是非常昂贵的。最近数十年中，在南太平洋和印度洋，人们用比较大的珍珠蛤来生产珍珠，因此大于14毫米的珍珠已并不鲜见。

世界上最大的珍珠"老子之珠"重达6 350克，差不多有一个西瓜那么大。这颗稀世珍宝现藏于美国一家银行的保险库内。

这颗珍珠是1934年的一次悲剧换来的。据说，当年在菲律宾山区，有一名酋长的儿子和朋友们一起到海边游泳，突然听到酋长的儿子一声惨叫，随即就不见了人影，人们立即潜入海里寻找。当在海底寻到酋长的儿子时，发现他的右手已被一只砗磲贝紧紧夹住，人们用铁棒把巨贝敲开后，意外地发现这颗"珍珠之王"。

珍珠项链

在灯下"开会"的昆虫

昆虫是用气味、温度、地心引力、光线等来辨认方向的。但不同种类、不同生理状态的昆虫,辨认方向的方法也各不相同。许多有翅昆虫向有光的地方飞,这叫做趋光性。这些具有趋光性的有翅昆虫在夜间飞行时,看到路灯,便会聚集在灯光下。

各种昆虫对不同强度的光有不同的反应,而且昆虫对不同颜色的光也有不同的反应。有些喜欢吃虫的生物也会围着灯光转,在那里找虫吃。

研究表明,全世界的昆虫可能有 1 000 万种,约占地球所有生物物种的一半。

世界上最重的昆虫是热带美洲的巨大犀金龟(鞘翅目犀金龟科)。这种犀金龟从头部突起到腹部末端长达 155 毫米,身体宽 100 毫米,比一枚最大的鹅蛋还大。其重量竟有 100 克,相当于两个鸡蛋的重量。从体长来说,最长的昆虫是生活在马来半岛的一种竹节虫,其体长有 270 毫米,比一支铅笔还要长。世界上最小最轻的昆虫是膜翅目缨小蜂科的一种卵蜂,体长仅 0.21 毫米,其重量也极其轻微,只有 0.005 毫克。折算一下,20 万只才 1 克,1 000

万只才有一个鸡蛋那么重。

昆虫具有很高的营养价值，它的蛋白质的含量一般在 30 ~ 72%，比如蚂蚁，除了牛肉所含的蛋白质超过蚂蚁外，鸡、鱼、猪肉和蛋都不及它。至于维生素 B_1、B_2 的含量，蚂蚁更是名列前茅。

如今，吃昆虫食品成为一种时尚，但吃昆虫不是现在才兴起的。我国向来有"北吃蝗虫南吃蝉"的习惯。蚁卵酱、炸蝉、炒蜂，是周朝帝王御膳的盘中餐。今天，哈尔滨流行的蚕蛹食品多达四五种。在非洲南部一些国家，许多人嗜好吃毛毛虫，这种虫是一种大帝蛾的幼虫，长达 10 厘米，可油炸、红烧、白焖，也可制成肉虫干。据说成年人一天吃 20 条虫，就能满足人体一天对钙及磷、铁等微量元素的需要呢。

萤火虫提"灯笼"

　　科学家对萤火虫的发光器官进行研究后发现，萤火虫发光细胞内的主要物质是荧光素和荧光酶。萤火虫发光细胞内的荧光素在发光时是会被消耗的。不过你放心，它有办法补充能量，它补充的是高能化合物三磷酸腺苷。荧光素对于三磷酸腺苷极为敏感，每次发光后，只要加入一点三磷酸腺苷，就可以重新产生荧光。

　　萤火虫的一生要经历卵、幼虫、蛹、成虫四个时期。萤火虫分为雌雄两种，雌萤火虫在草丛里爬行，雄萤火虫飞行在夜空中。

　　萤火虫的幼虫最爱吃钉螺和蜗牛。钉螺是血吸虫的帮凶，蜗牛损害庄稼，萤火虫专门消灭这些害虫，所以它是人类的朋友。

　　生物历来是人类学习模仿的对象，生物界云集了众多人类的老师，并由此出现了一门新学科——仿生学。萤火虫就是这样一位老师。

　　萤火虫可将化学能直接转变成光能，且转化效率达100%，而普通电灯泡的发光效率只有6%。于是人们模仿萤火虫的发光原理，制成了冷光源。冷光源是通过化学能、生物能发光的光源，这种光源几乎把所有的能量全部转化为可见光，可将发光效率提高十几倍，大大节约了能量。

萤火虫

最爱吃桑叶的蚕宝宝

桑树原是亚热带地区的植物，引入温带地区后，逐步变成了落叶植物。桑树的叶含有多种营养物质，这些都是蚕生长发育时所必需的物质。此外，桑叶具有其特有的气味与味道。

蚕是靠嗅觉和味觉器官来辨认食物气味的，桑叶是它的最爱，但它不一定只吃桑叶。榆叶、无花果叶、生菜叶等多种植物叶都是它的食物。由于蚕以桑叶为食的时间最长，代代相传，逐渐形成了吃桑叶的食性，并遗传给后代。蚕的后代们对桑叶散发出的气味最为熟悉。所以，蚕最爱吃桑叶，它一生要吃掉大量的桑叶。

家蚕长大成熟后，会用丝来编织茧。茧是由一根长度为300—900米的连续的丝织成的。

家蚕有很强的食欲。它们昼夜不停地吃桑叶，所以生长得非常快。当它们头部的颜色变黑的时候，即表明它们将要蜕皮。在完成四次蜕皮之后，它们的身体会变为浅黄色，皮肤也变得更紧，这表明它们将会用丝茧来包裹自己，在茧中变态成蛹。蛹变态为成虫，就会钻破茧，从茧洞钻出。所以人们常在蚕尚未破茧以前，将蚕茧放入沸水中杀死蚕蛹，得到蚕丝。成虫的蛾不能飞，它又被称为"蚕蛾"，只是用于产卵来繁殖后代。

传说，最早发明养蚕缫丝的是轩辕黄帝的妃子嫘祖，一次偶然的机会，

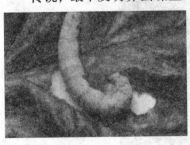

她发现了蚕在桑树上吃桑叶，而且蚕结成了茧，于是她摘下蚕茧，抽出蚕丝，织成丝绸，并把养蚕缫丝的方法传授给大家。

汉代，张骞通西域后，中国与西方开始了文化交流，养蚕丝织技术陆续传到了西方国家。

家蚕

蜜蜂螫人后会死去

蜜蜂螫人完全是自我防护的行为。蜜蜂讨厌黑色的东西和刺激性气味（如酒、葱、蒜等）。如果你穿了带这些气味的黑衣服走近蜜蜂，那就太不幸了。蜜蜂肯定会攻击你。

可是，你要知道蜜蜂螫人后，自己也会死。因为蜜蜂螫人的刺针的末端是与体内的内脏器官相连的，而且针尖带有倒钩。蜜蜂螫人后，倒钩钩住人的皮肤，这使刺针不易拔出来，它在逃走时一使劲，便会把自己的内脏拉坏，更严重的是，还可能把内脏拉掉，蜜蜂因内脏受损而死。

蜂毒是工蜂毒腺和副腺分泌出的具有芳香气味的一种透明毒液，贮存在蜜蜂的毒囊中，当蜜蜂蜇人时，由螫针排出。

工蜂的毒腺由酸性腺和碱性腺组成。酸性腺多称为毒腺，它是一个小囊泡。毒腺管的内壁由内分泌细胞、导管形成细胞和鳞片状上皮细胞组成，蜂毒的有效活性物质就是在这里生产出来的。碱性腺又称副腺，当蜜蜂从螫针排出毒液后，从这里会挥发出熟香蕉的气味，向蜂群报警。

不同年龄的工蜂，蜂毒含量也不同。新出房的工蜂毒液很少，随着日龄的增长，毒囊中的毒液逐渐增加直到饱和。

工蜂

蜜蜂蜇人，就像医生给人打针一样，当它用螯针狠狠地刺你一针时，存放在里面的蜂毒就从螯针"注射"到人身上，由此造成痛痒和红肿的现象。蜂毒的主要成分是蚁酸，出现痛痒和红肿的现象都是它在作怪。如果不慎被蜜蜂蜇了，只要在患处涂上浓肥皂水，让蚁酸和碱性物质发生一场"化学战"，变成了盐类，痛痒和红肿的现象就会减轻。如果是在野外，一时找不到肥皂水，这时可用自己的小便去洗伤口，也可以缓解疼痛。

当然，如果红肿症状很严重，还是要快速去医院作进一步治疗。

鱼也要睡觉

鱼当然要睡觉，但是鱼类绝大多数都没有眼睑，所以，人们无法判断它们到底是醒着还是已经入睡。

鱼一般喜欢在水中洞穴或水草丛生的地方睡觉，睡觉时间的长短因鱼的种类而异，一次大约只睡几分钟，有的鱼只睡几秒钟，非常警觉。

鱼类睡觉时，它的鳍和鳃在有规则地活动着，使身体保持平衡和进行呼吸。看到这样的鱼，那它们十有八九在打盹儿呢。

有些鱼在白天睡，有些鱼在晚上睡。在夜间，人们打开水族馆的灯光，可看到鱼睡觉的姿势是不同的。鲻鱼的头会朝着不同的方向，停止游动，开始入睡。有些河豚鱼睡觉时，会静伏水底，一动也不动。就连平时爱动的鲨鱼，也会爬伏在水底静止不动进入梦乡。比目鱼恰恰相反，平时它爱静伏水底，可当它们需要睡眠时，反而漂浮在水面上。更有趣的是在热带海洋的珊瑚礁上，有一种奇特的鹦嘴鱼，每天黄昏时，它的皮肤会分泌出大量黏液，把整个身体包围起来，好似穿上一件薄的睡衣。睡衣前后端有一个开口，可通过海水，供它呼吸，它大可放心地在里面睡上一夜，等待黎明来临，立即脱下睡衣，进入活动状态。

护士鲨

鱼能上浮下沉的秘密

在浩瀚的水域里，生活着各种各样的鱼，它们在水中游动，浮沉自如。

鱼具有流线型的体型，适宜在水中作穿行运动，更重要的是它身体的背部，紧贴在脊柱下方，有一个充满气体的囊状鳔，它是鱼能上浮下沉的主要调节器官，鱼主要是靠鳔内充气多少，来调整自身在水中的位置的。鳔内的气体，一是靠浮出水面时通过气道直接吸进；二是靠鳃瓣中的红血球来摄取溶解于水中的气体。

此外，鱼身上的鳍也有重要作用，通过摇动背鳍以及臀鳍的肌肉，来保持平衡，所以它更能安稳地在水中游动了。

绝大多数鱼类是通过调节鳔内的气体来控制沉浮的，但是鲨鱼不是这样，它没有鳔，若不游动便会沉入海底。有些种类的鲨鱼通过把空气吸入胃中来解决这个问题，当它们下沉时，会以打嗝的方式把空气从胃里排出来。有些小型鲨鱼肝很大，内含有大量的碳氢油类且比水轻，可帮助浮潜。

找一个盖严瓶口的空塑料瓶，用铁钉在瓶壁戳一个小孔，把橡胶管插进小孔，一头留在瓶外，跟铁钉一起，用胶布绑好，这就做成了潜水艇模型。

把自制的"潜水艇"浸入水中，从管里吸气，模型将怎样？向管里吹气，模型又将怎样？快快动手试试吧，挺有趣的！

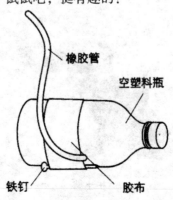

橡胶管
空塑料瓶
铁钉
胶布

鳄鱼的眼泪

海洋里含盐量很高，但生活在海洋中的鱼、爬行动物等却活得好好的。为什么会这样呢？因为这些动物有自己特殊的"海水淡化装置"，如生活在靠近海岸的浅滩中的鳄鱼。

人们常用"鳄鱼的眼泪"来形容假慈悲，这实在是冤枉了鳄鱼，鳄鱼的眼泪是用来排除体内多余盐分的，从它眼睛里流出的眼泪是浓缩了的盐水。

鳄鱼在喝进海水后，身体里逐渐积蓄了许多盐分，鳄鱼就利用专门处理盐分的器官盐腺，把多余的盐分浓缩起来，借着眼泪流出来。

鳄鱼是迄今发现活着的最早和最原始的爬行动物，它是在三叠纪至白垩纪的中生代（约2亿年以前），由两栖类进化而来，延续至今仍是两栖类爬行动物。它和恐龙是同时代的动物，恐龙都已成为化石，而活到今天的鳄鱼证明了自己有极强的生命力。

鳄鱼属脊椎动物爬行虫纲，是祖龙现存唯一的后代。它入水能游，登陆能爬，体胖力大，被称为"爬虫类之王"。它以肺呼吸，在水中可以暂停呼吸达一小时以上，肺功能极强。依靠体内氨基酸链的结构，鳄鱼自身的供氧储氧能力很强，因而它也是长寿的动物。一般鳄鱼的平均寿命高达150岁，远远超过龟和鳖。

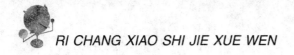

能量体温的温度计

温度计是依照热胀冷缩的原理制成的，温度计中有金属的一头里装有水银或酒精，受热后膨胀，从而指示出温度来。用手拿扇子去扇温度计，所扇动的只是温度计周围的空气，并没能降低玻璃柱内水银的温度，所以水银柱不会降下来。

16世纪，意大利的帕多瓦大学医学院闻名于全欧洲，伟大的科学家伽利略就在这所大学执教。伽利略在这所以医学闻名的大学里，接触到很多医生，因此，他常想造一些对医生有帮助的仪器。有一天，伽利略用手握住了一根试管的底部，过了一会儿，他把试管的上端插入一罐冷水中，然后把手松开，管子变冷了，把水吸了上来。伽利略又用手握住试管，试管逐渐变热，管内的水又下去了。伽利略在试管上标出一道一道的刻度，在每道刻度上标明数字。

这个实验很有趣，伽利略便让他的学生都来做。当每个学生把手放到玻璃试管上后，水总是会到达同一刻度。伽利略告诉他的学生，这是因为他们

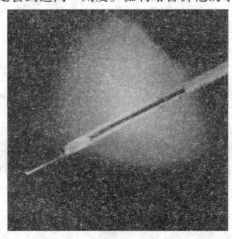

温度计

的血液始终是同一热度——即相同的温度。在一次演讲中，伽利略还专门演示了这个实验。

伽利略于是由此产生联想：这个实验其实也能帮助医生工作呀，人生病时，血液里的温度通常都要升高，病人握着试管，管内的水就会由于病人血液温度的升高而升到较高的刻度，这样，医生就知道病人血液的热度了。于是，伽利略发明了最初的温度计。

不过，温度计制成后，伽利略对他的这一发明并不满意，因为水在寒冷的天气要结冰，水结冰时体积就会膨胀，冰就会把试管崩裂。伽利略又试验了许多种液体，最后，他选中了一种酒精，这种酒精冬天不会结冰，成为制造温度计的良好液体。

现在，用酒精当温度计内液体的温度计还在使用。

在使用温度计前，要使劲甩一甩温度计，这样温度计的指示就能回归到零的位置。

镜子上的雾气

我们平时洗澡时是在一个相对封闭的环境里，洗澡时热水放出的热气碰到冷的镜面，热气中所含的水蒸气就会冷凝变成小水滴，直接附着在镜面上，形成雾气。当镜子上有很多小水滴时，光源就被散射开，因此看起来雾茫茫一片。冬天我们张口呵气，能看到呵出的气变成白色的，是同样的道理。

所有戴眼镜的人，在生活中都会遇到镜片出雾的尴尬事。当你从闷热潮湿的室外一下子进入凉爽的空调房时，眼镜就会一片模糊，戴眼镜的人无疑成了瞎子。特别是在天冷的时候，镜片出雾的现象更加明显，严重影响视力，是生活、工作中不可忽视的事情。这种现象跟洗澡时镜面结雾的道理是一样的。

如何使镜片清晰不结雾呢？办法很简单：在镜片上用肥皂蹭蹭，再用软布擦干，这样在镜片上形成一层膜，阻挡水蒸气与镜面接触，就不会有水蒸气附在镜面上了。有些汽车司机为了减少汽车反光镜上的雾气，也习惯往镜面上抹肥皂液，能有效帮助司机呢。

雾和云都是由浮游在空中的小水滴或冰晶组成的水汽凝结物，只是雾生成在大气的近地面层中，而云生成在大气的较高层而已。在自然界中，由于蒸发，大气中的水汽逐渐增多，这时，如果空气开始冷却，而空气中又有灰尘等凝结核时，空气中的水汽便会发生凝结，凝结的小水滴如使水平能见度降低到1千米以内时，雾就形成了。所以那些凡是在有利于空气低层冷却的地区，如果水汽充分，风力微和，大气层稳定，并有大量的凝结核存在，便最容易生成雾。一般在工业区和城市中心形成雾的机会更多，因为那里有丰富的凝结核存在。也正因为如此，当城市早晨下雾时，专家们会建议大家不要外出锻炼，因为这时的空气比较脏，这种脏空气对人的身体是不利的。

蹦极的绳子不会断

蹦极绳索是由很多弹性胶丝编成的，弹性强，拉伸强度大，不同于一般的绳索。不同直径的弹力绳索，拉力也不同，最大的蹦极绳抗拉力甚至可达 8 吨呢。当绳长 10 米时，它最大的弹性长度可达到 40 米，所以要计量好绳子的长度。每根蹦极绳子的使用寿命是 500 人次，而绳子的极限寿命是 2 000 次。

蹦极是一项考验体力、智力和心理承受能力的最具挑战性的空中极限运动。它被称为勇敢者的运动。

蹦极的历史相当久远。早在澳洲北部的南太平洋岛上，就流传着一个传说：有一位妇女常受丈夫的虐待，有一次，她为了躲避丈夫的追打，便用一种当地具有弹性的蔓藤牢牢绑住自己的脚踝从树上跳下，紧跟其后的丈夫也随着跳下。柔韧的蔓藤救了那位妇女的命，而暴虐的丈夫却命丧黄泉。此后，当地人每年都会举行这种仪式，以纪念这位勇敢的妇女，同时作为一项成年礼，一直在岛上延续了下来。

1954 年，有两位地理学家来到这个岛进行科学考察，意外地发现了岛上居民的这个奇怪风俗。从此，蹦极运动的雏形被传播开来。1979 年，牛津大学的几位学生脚绑绳索，从 75 米高的桥上跳了下来。

牛津大学勇敢者的行为吸引了一位新西兰人，他就是日后人称"蹦极之父"的约翰·哈克特。哈克特潜心研究蹦极运动，并不断试跳，他改进了蹦极的跳法与相关设备，使蹦极由个别勇敢者的冒险行为演化为一项运动。他在 1987 年，偷偷从法国艾菲尔铁塔上跳下，从而引起了世人对蹦极运动的广泛关注。那一次，哈克特召集了一支团队，决定偷偷在这一举世闻名的铁塔上进行他的蹦极跳，为了弄清起跳点到地面的确切高度，他带着鱼线，混在游客堆里偷偷爬到塔上去，再把鱼线垂直放下，一直让它碰到地面。就这样神不知鬼不觉，哈克特偷偷躲过保安，成功进行了试跳。

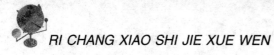

蹦极作为一项运动迅速在全世界流传开来，从 5 岁的孩童到 85 岁的老人，纷纷走上高高的蹦极台，一尝这一勇敢者的极限运动。

不过，蹦极运动也存在一定的风险，专家建议小孩、孕妇或老人，还有癫痫、心脏病、骨折患者严禁跳蹦极，以免发生危险。

蹦极的跳法多种多样，有绑腰后跃式、绑腰前扑式、绑脚高空跳水式、绑脚后空翻式、绑背弹跳和双人跳等几种。在这些眼花缭乱的跳法中，绑脚后空翻式是弹跳跳法中难度最高但也是最酷的一种跳法。

火柴湿了划不出火

火柴棒前端的燃料团中，含有氯酸钾等易燃物质，它一旦被打湿，氯酸钾等就会溶解失效。同时，火柴打湿后，燃烧药团会变软，它不能与火柴盒上的药纸形成有力的摩擦，无法擦出火花，所以就擦不出火来。

原始时代，人类需要生火时，只有钻木取火或敲击石块、铁片，打出火花来。这种方法既笨拙又费时。

公元577年，战火纷飞，北齐腹背受敌，物资非常短缺，因为缺少火种，士兵煮饭都成问题。怎么办呢？当时一班宫女神奇地发明了火柴，不过，我国古代的这种火柴只不过是一种引火的材料，算不上是真正的火柴。直至19世纪，欧洲才有人发明引火盒，盒子里面装有浸过硫酸的石棉，接着拿一根木条，沾上硫黄、氯酸钾和糖，当木条碰到硫黄，便会发生化学作用，产生火花。

但这种火柴仍不完善，直至1826年，英国药剂师沃克才生产出世界上第一根摩擦火柴来。为了纪念沃克在火柴发明上的杰出贡献，世界上第一枚火花（即火柴商标）就是"约翰·沃克"牌的，火花上印有他的头像。1833年

火柴

世界第一家火柴厂在瑞典诞生。

安徒生的《卖火柴的小女孩》这篇脍炙人口的童话就是写于 1848 年，当时摩擦火柴发明只不过是二十几年的功夫。

可是早期生产的火柴容易自燃，非常危险；而且，所用的原料黄磷是有毒的，造火柴的工人一不小心就会中毒身亡。在 1852 年瑞典人发明了安全火柴，从此，火柴开始进入到寻常百姓生活中。尽管它是那样的不起眼，但它成了人们离不开的生火工具。

一直到了近代，打火机及电子打火器出现后，火柴才逐渐退出主要的点火工具市场，但火柴还在继续发挥着作用，它所产生的火焰颜色成为世上最美的火焰，令人难以忘怀。

太阳伞别当雨伞用

太阳伞和雨伞在材质上是不同的，太阳伞上涂有一层防晒涂料，主要功能是防太阳紫外线，而雨伞仅有一层防水层。所以太阳伞最好别当雨伞用，要不，经过雨水刷洗后，防晒层会逐渐消退，从而失去了防晒效果。

说起雨伞的发明，有这么一个动人的传说：

很久很久以前，世界上没有伞。那时候，人们出门很不方便。著名的木匠鲁班想帮人们解决这个困难，他心想：要能做个东西，既能遮太阳又能挡雨，那才好呢。

鲁班想了许多天，还是没有想出来。一天，天气热极了，他一边做工，一边抹汗。忽然看见许多小孩子在荷花塘边玩，一会儿，一个孩子摘了一张荷叶，倒过来顶在脑袋上。

鲁班觉得挺好玩，就问他们："你们头上顶着张荷叶干什么呀？"小孩子七嘴八舌地说了起来："鲁班师傅，您瞧，太阳像个大火轮，我们头上顶着荷叶，就不怕晒了。"

鲁班抓过一张荷叶来，仔细瞧了瞧，荷叶圆圆的，一面可看出叶脉，朝

能遮阳挡雨的伞

头上一罩，既轻巧，又凉快。

鲁班心里一下亮堂起来。他赶紧跑回家去，找了一根竹子，劈成许多细细的条条，照着荷叶的样子，扎了个架子；又找了一块羊皮，把它剪得圆圆的，蒙在竹架子上。"好啦，好啦！"他高兴得叫起来，"这东西既能挡雨遮太阳，又很轻巧。"

鲁班的妻子听见他大呼小叫的，赶紧从屋里跑出来问他："出了什么事了？"

鲁班把刚做成的东西递给妻子，说："你试试这玩意儿，以后大家出门去带着它，就不怕雨淋太阳晒了。"

鲁班的妻子瞧了瞧，又想了想，说："不错是不错，不过，雨停了，太阳下山了，还拿着这么个东西走路，可不方便了。要是能把它收拢起来，那才好呢。"

"对，对！"鲁班听了很高兴，就跟妻子一起动手，把这东西改成可以活动的，用着它，就把它撑开，用不着，就把它收拢。这东西就是今天的伞。

伞现在成了人们生活中离不开的物品。伞的种类也是五花八门，依使用功用分，伞可以分为阳伞和雨伞；按收纳方式分，有直伞和折叠伞；如果按开合方式分，有自动和手动伞之分。

坐过山车为什么很紧张

说起过山车的发明，还有一段有趣的故事呢！

15世纪，俄国兴起滑冰道的运动风潮，当时的女皇叶卡捷琳娜也沉迷其中，因而下令在圣彼得堡的花园建造了一座大型冰滑道。后来拿破仑率领法国部队攻打圣彼得堡，法国士兵来到俄国，见到了这个大型冰滑道，一下子喜欢上了这项刺激的运动。法国士兵后来回国后，许多人还想继续玩。可法国不像俄国那样总是冰天雪地的，建这样的冰滑道没有条件。怎么办呢？于是聪明的人发明了最早的过山车。不过，这种最原始的过山车只是通过轮子与金属轨道相连的木头车，而且滑道也只有一面斜坡，但当这些木头车沿斜坡飞驰而下的时候，速度接近每小时50千米，在当时，这个速度也已经相当惊人了。从此，过山车慢慢演变，最终变成现在的模样。

现在，过山车几乎成为游乐园最冒险刺激的项目，它极大满足了人们渴望刺激的天性。坐过山车的时候，人们的心跳能从平均每分钟70下骤然上升到150下，好比跑了一个百米冲刺。

人坐过山车为什么会既紧张又兴奋呢？科学家从生理学角度对乘坐过山

过山车

车的反应进行了研究：在日常生活中，人们需要安全感，同时也需要刺激。在人的大脑中，有一个应急系统，它会在面临危险时发出警报，从而让人害怕紧张，同时，大脑命令肾上腺素注入血液，它能给我们带来一种冲动后的满足感。过山车所带来的惊险与刺激，会让坐在上面的人尖叫、笑甚至流泪，由此给缓解压力提供了一个空间。

平常人第一次坐过山车，除了会紧张，还多多少少会伴随有恶心、头晕等不适症状。不过，休息一下，这些症状就会消失，就好比有人坐飞机会晕机一样。

当人们受到惊吓，在精神紧张的瞬间，人体的交感神经会突然兴奋，通过复杂的神经内分泌的作用，使人全身发抖。而汗毛在毛囊的一端附有竖毛肌，当受惊吓而使交感神经突然兴奋时，竖毛肌会在神经内分泌作用下不由自主地收缩起来，这样，汗毛就会突然竖立，并出现"鸡皮疙瘩"。

冒泡泡的可乐

　　可乐就是一种汽水，汽水是利用压力把二氧化碳溶解于糖水中，然后进行密封，放在带压的瓶等容器中制成的。当打开瓶盖，或从冷饮机中放出可乐时，压力变小，溶解在水中的二氧化碳就会跑出来，形成泡泡。

　　你知道可口可乐是怎么来的吗？它是1886年由美国亚特兰大市的药剂师约翰·潘伯顿发明的。说起可口可乐的发明，潘伯顿还是受他店里的一个员工的启发而制成的呢。

　　约翰·潘伯顿是一家药剂铺的老板，他们的药剂店里有一种叫"古柯柯拉"的治头痛的药，有一天，这种药没了，但有客人要。有个员工手忙脚乱地把另一种药配上苏打水给了客人，那位客人尝了尝，觉得味道很不错，于是第二天又来购买。潘伯顿知道后，非常生气，责问员工那是什么药，怎么能随便给顾客药喝呢？员工照实说了，潘伯顿事后想，既然顾客这么喜欢喝这种东西，那可不可以做成饮料呢？于是经过许多试验，一种世界著名的饮料——可口可乐诞生了。直到今天，可口可乐仍是风靡全世界的一种饮料。

　　可口可乐的主要配料是公开的，这些成分包括糖、碳酸水、焦糖、磷酸、

可乐

咖啡因、"失效"的古柯叶等，但它的核心技术也就是那在可口可乐中占不到1%的神秘配料，到目前为止，知道的人不到10人。为了保住秘方，可口可乐公司从1923年开始，就把保护秘方作为首要任务。他们将这一饮料的发明者潘伯顿的手书放入银行保险库，若有人查询秘方必须先提出申请，经由董事会批准，才能在规定的时间和地点、并有规定的人在场的情况下打开。同时规定，秘方只能有两名高级职员掌握，这两人不能乘坐同机出行，以防意外，导致秘方失传。

专家建议，一般人特别是少年儿童应当少喝可乐。因为可乐这些碳酸饮料的酸碱平均值高达3.4。这种酸度酸到可以溶解牙齿和骨头，长期饮用这种饮料，会导致身体内钙质的流失，引发缺钙等症状。

能保温的热水瓶

热水瓶内不但可以保存热开水，也可以保存冰水，它的这种功能是由瓶内的构造所决定的。热水瓶胆的这种构造，可以很好地阻止瓶内的温度跟瓶外的温度互相传递，从而达到保温的目的。

小小的热水瓶，发明的历史很悠久！

早在北宋时期，我国就有了热水瓶的雏形。在欧洲，古罗马人早就知道，双层容器能保暖。在庞贝城的废墟中，人们曾挖出过一个双层容器，这种容器保温的原理跟现代热水瓶一样。

现在人们常用的热水瓶是英国物理学家杜瓦发明的。杜瓦出生在苏格兰，父母在他15岁时双双离世，但困难的逆境反而激发他的斗志，他发愤努力，在1875年成为剑桥大学教授，后来又成为英国皇家学会会员。1899年他成功获得－260℃的低温，为后人研究低温现象提供了条件；他还和阿贝尔一起发展了无烟火药。

不过，杜瓦最出名的还是他发明了杜瓦瓶，也就是热水瓶胆。杜瓦主要研究低温学，为了帮助低温现象的研究，1892年，杜瓦吩咐玻璃匠柏格吹制一个特殊的玻璃瓶。这是一个双层玻璃容器，两层胆壁都涂上银，然后把两层之间的空气抽掉，形成真空。因为两层胆壁上的银可以防止辐射散热，真空能防止对流和传导散热，所以盛在玻璃瓶里的液体，温度不容易发生变化。这就是著名的杜瓦瓶。

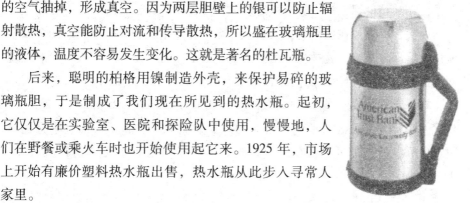

后来，聪明的柏格用镍制造外壳，来保护易碎的玻璃瓶胆，于是制成了我们现在所见到的热水瓶。起初，它仅仅是在实验室、医院和探险队中使用，慢慢地，人们在野餐或乘火车时也开始使用起它来。1925年，市场上开始有廉价塑料热水瓶出售，热水瓶从此步入寻常人家里。

热水瓶

会放电的电视机

电视机在工作时，会产生高压，3 万伏的高压在工作过程中会向周围辐射大量的高频电磁波，这些电磁波会在显示器表面和金属物体表面累积起来，长期积累就会形成电压较高的负电荷，这就是静电，所以我们触摸到显示器表面或一些金属物体时会有被电击的感觉。

20 世纪初期，无线电技术广泛运用于通讯和广播以后，人们希望有一种能够传播"现场实况"的电视机。世界上许多科学家都在着手进行研究。

1906 年，18 岁的英国青年贝尔德雄心勃勃，也开始加入到研究电视机的行列。贝尔德家境贫寒，没钱购置研究器材，只得就地取材，把一只盥洗盆与从旧货摊觅来的茶叶箱相连，作为实验的基础设备。箱子上安放着一台旧马达，用它来转动"扫描圆盘"。这扫描圆盘是用马粪纸做成的，四周戳着一个个小孔，可以把场景分成许多明暗程度不同的小光点发射出去。这样，一台最原始的、只值几英镑的电视机便问世了。

经过 18 年夜以继日的努力，他终于看到了胜利的曙光。1924 年春天，他把一朵"十字花"发射到 3 米远的屏幕上，虽然图像忽隐忽现、十分不稳定，但是，它却是世界上第一套电视发射机和接收器。

一次，贝尔德在操作时太大意了，不当心左手触到了一根裸露的电线上。他只觉得浑身一麻，就被弹了出去，倒在地上不省人事。幸亏被人及时发现，对他进行了抢救，贝尔德才大难不死。

有志者事竟成。经过不断探索并在亲友的资助下，1925 年 10 月 2 日，贝尔德的实验有了突破，他将一个人的图像发射到了屏幕上，而且十分逼真，眼睛、嘴巴甚至眉毛和头发都清晰可见。一架有实用意义的电视机宣告诞生了。

1941 年，贝尔德又研究成功了彩色电视机，可是，当英国广播公司 1946 年 6 月第一次播送彩色电视节目时，他没能看到，不久，他便与世长辞了。

贝尔德发明的第一架电视机，至今还陈列在英国南肯辛顿科学博物馆中。

如果你在日常生活中，经常遭遇静电的"突袭"，不妨尝试以下办法：梳头前，先将梳子在水里蘸一下，就能防止静电产生；接触门把手、水龙头等电导体前，先用手摸一下墙壁或湿毛巾，将体内静电"放"出去；当室内空气相对湿度低于35%时，容易产生静电，此时要常拖地、勤洒水或使用加湿器。

樟脑丸越来越小了

人工合成的樟脑丸中的主要成分是萘等物质，它具有强烈的挥发性。所以它一旦暴露在空气中，就会挥发，慢慢缩小。

小小的樟脑丸，却能对付可怕的蟑螂等害虫，还能有防蛀和防霉的功能，所以在生活中，人们常常会用到它。

你知道吗？樟脑丸有天然樟脑丸与合成樟脑丸之分。天然樟脑丸又被称为臭珠，它是从樟树枝叶中提炼出的有芳香味的有机化合物，对人体无害，所以很受人们青睐。而人工合成樟脑丸是由萘或者对二氯苯制成的，这种人工合成的樟脑丸，有刺鼻的味道，萘是从煤焦油或石油里提取的物质，科学家最新研究表明，这种物质有可能诱发癌症。而对二氯苯是有毒性的物质，如果人吸入量过多，它能引起人体中毒症状，如倦怠、头晕、头痛、腹泻等。目前市面上出售的樟脑丸，80%以上都是不同程度地含有萘或者对二氯苯的合成樟脑丸，所以选购樟脑丸时，一定要注意包装袋上标注的成分，不可掉以轻心。

樟脑丸很容易挥发，当人们穿上放置过樟脑丸的衣服后，其中的主要成分萘酚可以通过皮肤进入血液。但正常大人的体内红细胞中都含有一种酶，这种酶能很快与挥发性的萘酚结合，形成无毒的物质，所以专家认为对含萘的樟脑丸，不必"谈虎色变"，它对成人的健康影响不大。但少儿特别是幼儿体内的这种酶很少，所以专家建议少儿的衣服最好不要接触樟脑丸。

如果衣服放置了樟脑丸后，最好在穿之前拿出来，放在太阳底下晒一阵子，待萘酚的气味消失后再穿就可以了。

警察衣服会发光

警察衣服的发光条纹是用一种特殊的反光材料制成的，这种材料主要包括反光膜、反光油墨、反光标线漆、反光布、反光革、反光织带、反光安全性丝织物等。

不只是警察的衣服上有这种神奇的发光条纹，当夜幕降临时，当你坐车行驶在城市的繁华大街上，或者行驶在高速公路上时，你不但会发现路边的标志闪闪发光，而且会看见路面标线像一条条晶亮的光带，这些发光的指示牌、光带可真令人惊奇啊！但是，当汽车开过以后，你如果再向后望去，会发现那些发光的标志却不见了，留下的只是黑乎乎的影子。这到底是怎么一回事呢？

原来这是一种新型回归反光材料起的作用，这种材料能够将汽车前灯的大部分光线按原路反射回去，使驾驶员轻松看清路标。

我们在路旁常见的交通标识牌一般是用金属制成的，但那些在夜晚能反光或者变色的标识牌，它的上面涂有一层薄薄的铅膜，铅膜的表面粘有一些像小麦粉一样细小的玻璃珠。这些小玻璃珠聚集射来的光线，使铅膜的反光

警察衣服的发光条纹

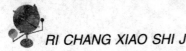

性能变得更好。当灯光或阳光照射到标识牌时,它就会把光线反射回去,使牌子的颜色发生变化,或者让牌子变得更醒目,使行人与司机更容易辨认。

如此神奇的玻璃微珠是怎样生产出来的呢?生产过程是这样的:先把原料在非常高的温度下熔化成玻璃液,玻璃液经过特殊的喷嘴形成许多雾状液滴,这些液滴在表面张力的作用下自动形成规则的球形,冷却后再经过一定的处理,就得到非常有用的玻璃微珠。

用玻璃微珠可以制造许多回归反光材料,比如发光布,反光涂料,反光油墨等等。这些材料的使用范围遍及公安、交通、消防、铁路、煤矿等部门,在劳防用品及民用产品中都可以见到它们的身影。

反光材料之所以能够反光,主要在于绝大部分反光材料中都含有一种高折射率玻璃微珠。正是因为它的存在,将入射光按原路反射回光源处,形成回归反射现象。由于它将光线几乎全部集中在一个非常小的角度范围内反射回去,所以其亮度就远远高于普通的物体。

钢笔里的墨水

钢笔的笔尖中心部分有一条非常细小的裂缝，这个裂缝的大小正好控制墨水流量，使它适当流出。如果对钢笔尖用力，裂缝就会变大，墨水流出量就增加。

钢笔是人们普遍使用的书写工具，它是在 19 世纪初发明的。1809 年，英国颁发了第一批关于贮水笔的专利证书，这标志着钢笔正式诞生了。

在早期的贮水笔中，墨水不能自由流动。写字的人压一下活塞，墨水才开始流动，写一阵之后又得压一下，否则墨水就流不出来了。这样写起字来当然很不方便。到 1884 年，美国一家保险公司的一个叫华特曼的雇员，发明了一种用毛细管供给墨水的方法，比较好地解决了上述问题。这种自来水钢笔的笔端可以卸下来，墨水用一个小的滴管注入。

最早的能够自己吸墨水的笔出现于 20 世纪初期，它巧妙地采用了活塞来吸墨水。钢笔就这样一步步发展，直到 1956 年，才发明了现在常用的毛细管钢笔。

而钢笔的"兄弟"圆珠笔则诞生得晚一些，1888 年，继华特曼发明自来水笔 4 年后，美国的劳比提出一种全新概念的笔，它不同于自来水笔，而是在笔尖上装上一个圆球，书写时，随着小圆球的滚动，把墨水留在纸上，这就是今天人们所说的"圆珠笔"。令人遗憾的是，劳比的尝试失败了，一方面因为圆珠滚动不灵，写不出字；另一方面，通过圆珠流出的墨水无法控制，会大量漏水。这项发明被耽搁了下来。

半个多世纪后的 1943 年，匈牙利某印刷厂名叫拉兹罗·约瑟夫·比克的校对员制成了圆珠笔。

比克找来一根圆管，装上油质颜料，把自来水钢笔尖改成钢珠，于是，世界上第一支圆珠笔诞生了。后来，比克将这项发明提供给英国皇家空军。不久，英国的一家飞机制造厂就推出了首批商业化的圆珠笔。

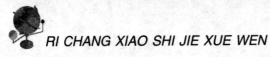

　　当时，美国有位名叫雷诺的商人决定投资大批量生产这种圆珠笔，当时正值第二次世界大战尾声，原子弹在美国制造成功！为了耸人听闻、招徕顾客，雷诺别出心裁地将他生产销售的圆珠笔称作"原子笔"。圆珠笔就这样走进了与钢笔抗衡的时代。

不吸水的塑料布

棉布里有许多缝隙，这些缝隙可以吸取茶水，而塑料布表面很严密，茶水根本渗不进去。

如果你到水边去玩水，没有注意到衣服的下摆已浸在水中，过一会儿，当你上岸时，会发现一个很奇怪的现象：水居然往高处流，打湿下摆衣服的水漫到衣服上部分来，把衣服湿了一大片！明明水只浸到衣服的一小部分，可是衣服却湿了一大块，你知道这是怎么回事吗？你一定会觉得很奇怪吧，其实道理很简单。

原来水能够沿着两端有开口的细管或细缝移动，包括上升及下降，科学家把这种现象称为毛细现象，也叫做毛细管现象。如果水是倒在地板、桌垫等表面光滑的地方时，因为这些地方没有细缝，因此不会发生毛细管现象，但是水若是倒在卫生纸、手帕、毛巾、报纸等表面有许多细缝的物体上，则水便会沿着细缝上升或扩散。所以水不一定都往低处流，只要有一条细线，它便能源源不绝地向上或向四面八方移动。

并不是每一种物体放进水中，它的毛细现象都一样。如果把宣纸、铜版

毛巾

纸和图画纸的一角浸入红色的水中，呆2分钟后，你会发现宣纸染红的面积最大，钢版纸当然是最难染的了。这是因为宣纸的空隙比较多，容易发生毛细现象，而铜版纸的表面太光滑，几乎没空隙，要产生明显的毛细现象，所以很难！

　　生活中处处都有这种毛细现象发生。像抹布可以擦干湿桌面，毛巾、报纸可以吸水，酒精灯里的酒精会沿着棉线上升，蜡烛的蜡油也会沿着棉线上升等等，都是毛细现象。下雨时，过多的水会往低的地方流动，有些会流到水沟或河流，有些会蒸发到空气中，还有些会渗透到地底下，形成地下水。

罐头食物能保鲜

食物腐败变质，是由于细菌在搞"破坏"。在制作罐头食物时，工人师傅会先将食物加热，使食物中的细菌在高温下死亡，然后迅速密封，制成罐头，从而阻隔了罐头外细菌的侵扰，所以它保鲜的时间相对长得多。

1795年的一天，巴黎街头贴出一张12 000法郎奖赏的布告，悬赏征求食品贮藏法，要求在任何的气候条件下，在任何地方都能长期贮存食品而不腐败，还要保持味道新鲜。

当时的12 000法郎，数额巨大，吸引了很多人纷纷进行试验和研究。在这些研究者中，有一位叫阿贝尔的巴黎人。1804年夏的一天，阿贝尔准备制作糕点，他把一些果汁煮沸，然后放进罐子里冷却，为了防止爬进虫子或落进灰尘，他用软木塞将罐子塞严。但当他要揉制糕点时，伙计告诉他说，库房里的面粉没有了。"巧妇难为无米之炊"，阿贝尔无可奈何地等了一个多月，终于买到了面粉。阿贝尔重新操起了制作糕点的手艺。他想，放在罐里的果汁肯定坏了，他准备将果汁倒掉。但它偏偏却没有坏！这真是奇迹。

阿贝尔灵机一动，他想，这种方法可以用来保护食品。于是他找来一些

青豆罐头

肉，装进瓶子里，在蒸锅里蒸了两个小时，取出瓶子后，乘热将瓶子用软木塞塞紧，然后他又用蜡把瓶口密封严实。他把瓶子放到一边，每天看看有无特殊变化，经过两个月，他把瓶塞打开后，里面的肉好好的，尝尝也没变味，他乐得合不拢嘴，终于成功啦！阿贝尔的食品保藏方法很快传到欧洲各国，各国纷纷生产起罐头食品来。

在20世纪80年代，美国推出了一种"冷气罐头"和一种"热罐头"，真是要冷有冷，要热有热。日本还推出一种"活鱼罐头"，在"迷它水"中昏睡的活鱼在两三天内不会死。打开罐头，将鱼放进清水里，10分钟后鱼会从昏睡状态中苏醒过来。罐头食品越来越保鲜了。

罐头食物也有坏掉的时候，如果发现罐头的外表有凹陷和生锈不平的情况，这就表明此罐头食品很有可能腐烂变质了，所以这种罐头最好不要买。

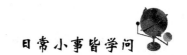

颤抖的声音

声音的传递速度每秒钟大约为 340 米，而随着震动的次数——频率的改变，声音的高度会跟着发生变化。当声音遇到风力，高度就会发生改变，再加上电扇扇叶的旋转，使声波的反射状态也发生了改变，所以人耳朵听起来会感到声音在颤抖。

风声、雨声、雷声、人声、鸟鸣、琴声……世界上有各式各样的声音，每天每时每刻，组成我们地球上这支合唱曲。很难想象，如果没有声音，那我们的地球将会是一个多么可怕的寂静世界。

不知你想过没有，这些声音是如何产生的，它们又是如何传达到我们耳朵里让我们听到的呢？声音是由振动产生的，一切发声体都在振动。声音以波的形式传播，这种带能量的声波除了能使人耳的鼓膜振动，让人觉察到声音外，它还能使其他物体振动。人能听到声音大部分是通过空气传入人耳的，但固体、液体和气体也都能传播声音。

当我们还看不到、听不见远方驶来的火车时，如果把耳朵贴着铁轨，却可以听见火车的隆隆声，这就是因为铁轨传声比空气快得多的缘故。而潜艇失事时，在水下的艇员用硬物连续敲击潜艇钢板，比用声音叫喊还传得快些。

历史上第一个测出空气中的声速的人，是英国人德罕姆。那是 1708 年的一天，当时德罕姆站在一座教堂的顶楼，注视着 19 千米外正在发射的大炮，他计算大炮发出闪光后到听见轰隆声之间的时间，经过多次测量后取平均值，得到与现在声速相当接近的数据：在 20℃ 时，声音每秒可跑 343 米。

声音每秒钟振动的次数就叫做声波的频率，在物理上，我们把每秒钟振动一次，称为 1 赫兹（1Hz）。人的耳朵，尤其是小孩子，可以听见 20Hz ~

20 000Hz之间的声音，但是到了60岁左右，大概就只能听见12 000Hz以下的声音了！而像狗、猫、蝙蝠等动物，所能听见的声波频率，就比人类高出了许多！声音除了有高低之外，还有强弱与音色的差别，女孩子的发声频率通常就比男孩子高，她们的声音听起来更尖锐些。

难闻的液化气味

液化气发出臭味的是添加在液化气里的硫醇，它充当了液化气的"报警器"。液化气、煤气、天然气都是无色、无味的气体，人们不易发觉。而有了臭味就可使人们警觉，马上采取措施，防止发生爆炸、火灾和中毒事故的发生。

冬天到了，门窗紧闭，房间里生起炉火，温暖如春。每逢这个时候，人们就互相提醒："小心煤气中毒！"每逢这时节，医院里也总有煤气中毒的病人由救护车鸣笛急驶送来。煤气中毒，轻者头晕心慌、四肢无力；重者昏迷不醒，呼吸微弱，抢救不及时甚至可能死亡。

原来，煤在充分燃烧时，是不会产生煤气的，不充分燃烧就容易产生煤气。在冬天烧煤炉时，由于门窗紧闭，煤燃烧不充分，就很容易产生一氧化碳，再加上房间里如果不通风，产生的一氧化碳就无法扩散到室外去，人吸多了就会中毒。

一氧化碳没有颜色，也没有气味，被人吸入后，透过肺泡进入血液，抢先和负责输送氧气的红血球里的血红蛋白结合。一氧化碳和血红蛋白结合的

液化气爆炸造成的火灾事故

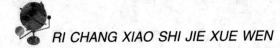

能力比氧气强二三百倍，它抓住了血红蛋白就紧紧抱住不放，使血红蛋白丧失了和氧结合的能力。人断绝了氧气的供应，就会头晕心慌，昏迷不醒，甚至死亡。空气中一氧化碳的含量达到万分之几的时候，人就会中毒。

不管是煤气，还是天然气或液化气，它们本身的燃烧气体是没有臭味的，这样一旦发生泄露，就会发生危险。所以人们想出加臭味的办法来"报警"。什么样的物质可以担任"臭味报警"的角色呢？人们发现，由硫醇担当这个角色，再好也不过啦。硫醇是一类奇臭难闻的物质，黄鼠狼的屁臭气冲天，就是由于含有硫醇。人们的嗅觉对硫醇的臭味非常敏感。因此，生产液化石油气的工厂特意在燃料气里掺进一点点这种臭得出奇的硫醇，充当"臭味报警员"，以便人闻到这种臭味时，可以及早发觉，赶快采取措施。

天然气是多种气体的混合物，燃烧时多多少少会有一氧化碳和二氧化碳产生，同时也会产生其他一些有害气体，所以，如果你家用的是天然气，一定要注意室内的通风。

蓝色的火焰

火焰分为外焰和内焰两种，外焰是指火焰外面的那层，这一层能接触到大量的氧气，可以充分地燃烧，所以外焰的温度比内焰高。火的温度越低，发出的光越接近红色，温度越高，发出的光越接近蓝色。当煤气燃烧时，因为它外焰温度高，所以是蓝色的。

你知道吗？温度不同，火的颜色也不一样呢。通常情况下，火的颜色和温度有如下关系：深红：600℃；鲜红：1 000℃；橙黄：3 000℃；黄白：6 000℃；白色：12 000℃—15 000℃；蓝白：25 000℃以上。人们经常所说的"炉火纯青"，就是形容炉火温度高，当炉火的温度超过25 000℃时，火的颜色就是青色的煤气是用煤作原料制造的，它来自城市的煤气厂。可你知道煤气是怎么来的吗？

人类在2000多年前就已发现了蕴藏在地下的煤，并一直采用直接燃烧的办法来得到热量，这种方法不仅没有充分利用煤的价值，而且对周围的环境造成了严重的污染。而把煤变成煤气，大大提高了煤的使用率，这个方法的发明者正是英国化学家威廉·梅尔道克。

1792年的一天，梅尔道克在研究煤矿物质时，想起了童年时代玩煤时把煤装进水壶加热的游戏。于是，他把煤放进水壶里，并在壶嘴上接起一根长长的铁管，铁管另一端引到客厅。然后，他拎着水壶进了厨房，点火给水壶加热，过了一会儿，他拿火柴在铁管口点起一团蓝色的火焰，这就是煤气！

就这样，梅尔道克发明了煤气。后来，他在自己的公司大楼里举行煤气灯照明活动，只见楼顶上一排煤气灯在浓浓的夜色中大放光芒，引得不少市民驻足观看，流连忘返。

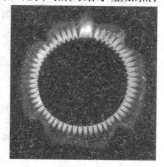

蓝色的火焰

电话能传声的秘密

当通话时，说话者的声音通过电话听筒转化为电流，通过电线，电流传递到另一头的电话，电话上的受话器再把电流的振动转变成声音，人耳就听到电话传来的声音。

电话的发明并不是哪一个人的功劳，而是大批学者共同努力的结果。早在 1876 年以前，已有不少科学家从理论上对这种通信方式作了说明。但是，历史上通常认为，第一部电话机于 1876 年在美国投入使用，电话机的发明权应属于美国的亚历山大·贝尔。

1871 年，贝尔从苏格兰回到美国，任波士顿大学教授。贝尔的父亲是著名的语言学家，是聋哑人手语的发明者。贝尔的妻子就曾是他的学生，一位耳聋的姑娘。贝尔在致力于研究声学和教授哑语之余，很想发明一种能让聋哑人听得见的机器。尽管这个想法一直没实现，但是在 1875 年 6 月，贝尔和他的助手沃森利用电磁感应原理，试制出世界上第一部传递声音的机器——磁电电话机。然而，这台机器真正开始工作是在 1876 年 3 月 10 日这一天。当时，贝尔正在做实验，不小心把硫酸溅到脚上，他痛得不禁对着话筒向正在

亚历山大·贝尔

另一房间里的沃森大叫："沃森，快来帮帮我！"不料，这一求助声竟成为世界上第一句由电话机传送的话音，沃森从听筒里清晰地听到了贝尔的声音。

在贝尔研制电话机的同时，格雷发明了相同原理的液体电话机。而且十分巧合，在贝尔提出专利申请的同一天，格雷也向纽约专利局提出专利申请，并将专利发明权转卖给美国最大的电信公司。于是，一场旷日持久的争夺电话发明权的诉讼案一直持续了 10 多年。后来经详细调查，发现贝尔申请专利的时间比格雷大约早两小时，法院据此裁决，电话发明专利当属亚历山大·贝尔。

随着电子技术的飞速发展，现代的电话机不仅数量激增，品种和功能更是今非昔比。除传统的人工电话、自动电话外，还出现了许多特种电话，如能充当"值班秘书"的录音电话和书写电话，闻声见影的电视电话，信手拈来的无绳电话，随身携带的手机。此外，还有"口呼行动电话"，甚至能使聋哑人通话的"聋人电话"也已试制成功。

有用的果皮

　　许多果皮营养价值非常高，甚至比果肉的营养价值还高些。不过，连皮吃水果时，一定要洗干净，以防残留的农药害人。

　　人们平时吃水果时，多数时候总会把皮子扔掉，其实，很多水果的果皮比果肉还要有营养有价值呢。看一看这些果皮的妙用吧——

　　香蕉皮中含有抑制真菌和细菌生长繁殖的蕉皮素。香港脚、手癣、体癣等引起的皮肤瘙痒症，用香蕉皮贴敷患处，能使瘙痒消除，有意想不到的效果。脸上若是长有硬硬的突起物，可以将香蕉皮敷在上面。香蕉皮能够帮助它软化，有效地一点点脱落，恢复脸部的平整。

　　寒冬季节，皮肤容易因干燥而龟裂，对这种季节性的皮肤龟裂，只要取一根熟透的香蕉，挤点果肉，均匀涂抹在患处，一天三四次，不仅能使皮肤润滑，伤口也很快愈合。香蕉皮也能够有效地帮助清洁皮鞋上的油污，使皮鞋保持光亮整洁。

　　用果皮煮成果皮水，用干净的抹布沾取适量的果皮水，擦拭家具或是木地板，擦完之后有如上蜡一般的晶亮，同时还留有宜人的芳香。已经发黄的象牙制品、琴键、冰箱外层，直接用橘子皮、柠檬皮或是柚子皮沾取少量盐擦拭，只需三两下工夫就可以让泛黄的表面恢复光亮。

　　当然，橘子皮、柠檬皮以及柚子皮本身就是天然芳香剂，将这些果皮放在房间的角落，就会飘散出清香宜人的气息。用火点燃果皮，则可以驱除恼人的蚊子，瞧，既环保又不用花钱，真是一举两得！

琳琅满目的水果

肥皂去污的奥秘

　　肥皂由油脂制成，它的构成粒子能把浸入水中的污垢，一小块一小块地分解出来，这样就达到了去污的目的。

　　肥皂是一种很平常的家庭用品，它能使脏乎乎的东西，奇迹般地变得干干净净。

　　传说在很久以前，在古埃及的皇宫里发生了这样一件事：有一天，国王大摆宴席招待客人。到了半夜，人去席散，厨房里的厨师们忙着收拾餐具。有人一不留心碰翻了灶旁的一盆食油，油流进灶里，混在灭了火的木炭上。有个厨师担心引起火灾，慌忙把油乎乎的木炭捡到外面去。说也奇怪，当他洗手的时候，发现带油的手非常光滑，洗得比过去干净许多。他把这事告诉了同伴，引起了大家的好奇。于是大家如法炮制地试了试，一致感到：好极了。后来，他们就把灶里烧完了的木炭留出一些，浇上点油，等干完活用它洗手。

　　国王知道了，也叫其他人这么做，并把它捏成圆棒状，拿起来也方便，以供宫里人洗手用。这大概就是最早的肥皂了。

不锈钢香皂

公元 2 世纪，聪明的人们利用山毛榉树烧成木灰，再与山羊的脂肪混在一起，熬制成一种膏状肥皂。这种肥皂不仅仅被用来洗手，也开始洗衣服、餐具等东西。1791 年，法国的化学家路布兰发明了制碱方法。从此，肥皂的成本大大下降，肥皂便开始了大批量的生产时期，它也逐渐走进寻常百姓家的生活。18 世纪，随着香精提炼技术的出现，能发出香味的香皂出现了。

　　有趣的是，随着科技的发展，肥皂也在不断变化着。最近，德国就生产出一种不锈钢香皂，这种神奇的香皂可以迅速清除异味。

　　专家强烈建议人们多用肥皂，少用洗衣粉。因为肥皂容易被水中的微生物消化吸收，也容易在污水中形成沉淀沉入水底。洗衣粉却会产生磷等化学物质，严重污染环境。如果洗丝绸和毛料，肥皂比合成洗涤剂的效果要好，它对面料的损伤性也更小。

风从哪里来

空气流动就变成风，所以，风是大气运动的产物。

大气为什么会运动？是什么力量驱使它运动的呢？原因是错综复杂的。水平的风，垂直的升降气流，不规则的乱流运动，都各有其复杂的成因。19世纪初，有人根据各地气压与风的观测资料，画出了第一张气压与风的分布图。这种图显示了风是从气压高的区域吹向气压低的区域。

风是调皮的，当风刮起来以后，它会川流不息到处奔走，它从南方刮到北方，又从北方刮到南方，从暖的地区刮到冷的地区，又从冷的地区刮到暖的地区，使冷暖空气来来往往，没完没了。

风在自然界里做了许多工作，这些工作有好也有坏。风能使大范围的热量和水汽混合、均衡，调节空气的温度和湿度；能把云雨送到遥远的地方，使地球上的水分循环得以完成。风能将有些植物的种子吹送到远方，让它们在新的环境里生长发育，继续繁荣自己的"新家庭"。风尽到了帮助植物繁育后代的责任，还要去改善植物的生长发育环境。它为植物的生育创造舒适的条件，从密集的植物中赶走了集结在近地面层的冷空气，驱散掉湿热的暖空气，不让植物"着凉"受冻，也不叫植物闷热难受。风推动风车旋转，使帆船加速行驶……如果没有风，污染的大气得不到稀释，人类赖以生存的空气会如同"一潭死水"，污浊不堪，许多生物将难以生存，甚至连聪明的诸葛亮也不可能借东风打败曹操。

可是，风一旦发起脾气来，那也是有害无益的。在1860年，法国发生了一次暴风灾，风大得把两列火车从轨道上翻下来。1969年1月，在前苏联黑海东面的克拉斯诺达尔和罗斯托夫这两个地方，刮起了一场险恶的"黑风暴"。当它光临的时候，天昏地暗，飞沙走石。这种黑风暴，一连几天都不停。麦苗被吹得满天飞扬，棕黑色的土壤被狂风卷起，形成了长达数百千米的黑色雾浪。

有趣的不倒翁

有趣的不倒翁，不论你怎么使劲推，它都不会翻倒。甚至你把它横过来放，一松手，"倔强"的不倒翁又会站在你面前。这确实是一个很有趣的现象。

一块水平放置的砖头，不论雨打风吹，总是稳稳地待在原地。如果把它竖起来，一有风吹草动它就可能翻倒。这是因为砖头平放时，重心很低，接触地面的面积又很大，也就是说，它的重心较低，不容易翻倒。

其他物体也是这样。如果你到过工厂，会发现许多机器设备的机座都比较大，也很沉，目的就是防止机器翻倒，增加机器的稳定性。往车或船上装货物时，是把重的东西放在下面，还是把轻的东西放在下面呢？你一定猜到了，要先把重的东西放在底部。因为这样一来，整个车或船的重心较低，可以保证行驶的安全。

那么不倒翁为什么不会倒呢？一方面因为它上轻下重，底部有一个较重的铁块，所以重心很低；另一方面，不倒翁的底面大而圆滑，当它向一边倾斜时，它的重心和桌面的接触点不在同一条垂直线上，重力作用会使它向另外一边摆动。比如，当不倒翁向左倒时，重心和重力作用线在接触点的右边，在重力作用下，不倒翁就又向右倒。当倒向右边时，重心和重力作用线又跑到接触点左边，迫使不倒翁再向左倒。不倒翁就是这样摆过来，又摆过去，直到因为摩擦和空气阻力，能量逐渐损失，减少到零时，重力作用线，恰好通过接触点它才不会继续摆动。

有趣的不倒翁时钟

牛奶结了一层"皮"

牛奶中除了含多种其他营养成分外，还含有大量的蛋白质，蛋白质一加热就会凝固，那所结的一层"皮"正是凝固的蛋白质。

蛋白质是组成人体的重要成分之一。人体一切细胞都由蛋白质组成。蛋白质占人体全部重量的18%。蛋白质分子中含有碳、氢、氧、氮，还有硫和磷。蛋白质是人体氮的惟一来源。在正常情况下，一位成年人每天大约需要摄入30~45克蛋白质，才足以使身体正常运转。否则一旦摄入不足，就会日渐消瘦，对健康不利。而被人称为"白肉"的牛奶富含蛋白质，所以平时多喝牛奶，对身体健康是有好处的。

可你知道吗？早在19世纪以前，由于没有安全的消毒和保存手段，牛奶却被当做"低人一等"的劣质食物。因为那时的技术不发达，那些直接挤出的奶不到几个小时，就会变质变坏，所以几百年来，牛奶的价格非常低廉，没有多少人愿意喝它，牛奶和奶酪成为穷人的主要食物。直到1856年，牛奶的地位才慢慢好转过来。这一年，法国人路易·巴斯德应葡萄酒商邀请，在解决葡萄酒变质问题时，发明了巴氏消毒法：将液体加热到一定温度（葡萄

牛奶

酒是50℃，牛奶是72～75℃），可以既杀死其中的有害细菌，又能最大程度地保留其中的有益成分和味道。人们把这一方法也借用到牛奶保质上，由此解决了牛奶易变质的问题。从此，牛奶成为广受欢迎的好食品，而这种保存牛奶的方法，至今还被广为使用。

　　而奶粉的发明更有意思。19世纪，美国商人吉尔·伯顿由于投资"肉饼干"生意失败，他几乎失去了所有的财产，在穷困潦倒之际，1852年，伯顿乘船穿越大西洋，当时船上的奶牛晕船晕得太厉害，无法分泌奶汁，一名婴儿因此缺奶而死。这件事给伯顿触动很大，他于是开始思索：有什么办法能够延长牛奶的保质期呢？于是，他想出了浓缩奶的办法。这就是奶粉的来历。

日光灯为何启动慢

日光灯的启动是利用了线圈的自感现象。当打开开关接通电源后，日光灯两头的灯丝先发热发光，使点亮管发生闪烁，接着再由放电管进行两到三次的闪烁工作，灯管才被点亮。而白炽灯泡并没有这些过程，直接打开开关就可以亮，所以显得快些。

1879 年，美国著名的"发明大王"爱迪生发明了白炽灯，结束了人类"黑暗"的历史。人们在欢呼、庆祝这一伟大发明的时候，富有远见的科学家已经看到了白炽灯明显的不足之处：它只利用电能的 10% ~20%，其余的 80% ~90% 的电能以热损耗的形式被浪费掉。

"白炽灯靠电流加热，使热能转换为光能，这种电能的利用形式太浪费了，能不能开辟一条电能利用的新途径呢？"有的科学家提出了新的想法。美国的黑维特就是持这种想法的科学家之一。他一头扎进实验里，将耐热玻璃制成灯管，抽出灯管内的空气。然后往灯管内充入各种金属和气体，反复进行比较。

1902 年，黑维特发明了水银灯。这种水银灯是在真空的灯管中充入水银

日光灯

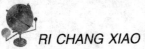

和少量氩气。通电后，水银蒸发，受电子激发而发光。水银灯比白炽灯亮多了，光线近似太阳光，能量利用率也较高。但是，水银灯会辐射出大量紫外线，而紫外线是对人体有害的；且水银灯光线太亮、太刺眼，太不实用了。

该如何改进水银灯，使它更为实用呢？1938 年，美国通用电子公司的研究人员伊曼，从霓虹灯的亮光中得到启发，在突破了灯管启动装置的设计与制作大关后，终于制作了与水银灯性能截然不同的荧光灯。

这种荧光灯是在一根玻璃管内，充进一定量的水银，管的内壁涂有荧光粉，管的两端各有一个灯丝做电极。它的工作原理是：通电后，水银蒸气放电，同时产生紫外线，紫外线激发管内壁的荧光物质而发出可见光。显然，荧光灯没有水银灯的弊端，它比白炽灯更亮，且电能利用率高，省电。因此，它一诞生，便很快进入了一般家庭。由于荧光的成分与日光相似，因此人们也叫它"日光灯"。

不要乱扔废电池

干电池中含有锌、二氧化锰和汞等对环境和人体有害的物质，如果随便丢弃，它很容易通过污染水质等环境，来对人体造成种种危害。所以废旧的干电池绝不可随意乱扔，应当回收起来，交到相关专职部门去销毁。

40多年前的一天，日本有个村庄发生了一起可怕的集体"发疯"事件，有16个村民突然一起"发疯"了。这些"疯子"一会儿哭哭啼啼，一会儿又哈哈大笑；发作时两手乱摇，颤抖不止，而下肢发硬僵直，如此反复发作，直至"疯死"。事后，经多方研究调查，发现这些人喝的是同一口水井中的水，井水被严重污染了，正是被污染的井水才导致村民们"发疯"的。

那又是什么东西污染了井水呢？调查人员在水井旁边挖出了大量废旧、破烂的干电池。正是这些废旧干电池中的锌、二氧化锰等成分，因为长期埋在地下，从而与土壤中的化学物质发生作用，生成了一种有毒盐分。有毒盐分再渗入地下，于是神不知鬼不觉地污染了饮用水。

干电池中除了含有锌、二氧化锰等成分，它在制造过程中还使用了一定量的汞。汞对人体来说，也是一种有害物质，它很容易通过污染水质，来对

干电池

人体造成种种危害。据统计，我国每年生产干电池 50 亿个，每年电池用汞量达到 100 吨。如果人们用完电池随意乱丢，时间一长，这么大量的汞污染起环境来，简直无法估量后果。

干电池的发明可追溯到 18 世纪。1789 年，意大利的生物学家伽尔巴尼用铁棒把青蛙吊起来，然后剥去其大腿的皮，再用黄铜丝去接触，发现青蛙腿还会抽筋。受到伽尔巴尼的青蛙实验的启发，意大利的物理学家伏特发明了世界上第一块干电池。1800 年，这位了不起的科学家用铜、锡和食盐水为材料，成功地制造出了"伏特电池"，所以后人把电压单位用他的名字"伏特"来命名，以纪念他所作的贡献。

邮票的齿孔

　　当你撕下一张邮票贴在信封上时，你可能没有察觉到，邮票的齿孔给我们带来多少方便啊！但是，你可知道，这小小的邮票齿孔的问世，还有过一段有趣的故事哩！

　　1840年5月6日，世界上第一枚邮票在英国诞生了，由于邮票都是很小的一张，许多张邮票都是连在一起印制出来的，当时邮票上没有齿孔，邮局工作人员为了分开这一张张的邮票，只好用剪刀将几十枚连成整张的邮票一张一张地剪开，出售给用户，这样既麻烦，又不容易裁剪整齐，非常不方便。

　　1848年冬季的一天，英国伦敦下着大雪，一位记者在市中心的一家饭店里，把当天的新闻写成稿件，分装在几个大信封里，准备寄往外地的几家报社。当他取出刚刚从邮局买来的一大张邮票，准备剪开，贴在信封上，可是到处找不到剪刀，怎么办？他灵机一动，从衣襟上取下别在西装领带上的一根别针，用针尖在邮票空隙间刺了一连串均匀的小孔，然后轻轻一撕就拉开了。

　　这时，一个在铁路上工作的名叫亨利·阿察尔的爱尔兰青年，目睹了这

邮票

个情景，他联想起车票票根上的齿孔，突然有个好主意冒上心头，他自言自语道："如果能制作一架打孔机，把每张邮票的空隙间都打上齿孔，使用起来该多方便啊！"

于是，他就凭着新闻记者的启示和自己工作中的联想，终于制造了两台打孔机。1854 年 1 月 28 日，有齿邮票正式使用。

第一个发行通用有齿邮票的国家是英国，随后瑞典、挪威、美国等国家开始相继使用打孔机，制造有齿邮票，从此，有齿邮票逐渐在全世界流传开来。

邮票上的齿孔也有一定尺度规定，世界上大多数邮票的齿孔度都是一样的。这种齿孔度是法国勒格朗博士在 1866 年发明的。这是测量在 2 厘米长的线段内齿孔数的简单方法，一直沿用至今，并且能使集邮家精确地表述齿孔的各种变异。一枚标有"齿孔 14 度"的邮票，就意味着它的四边上每 2 厘米有 14 个孔；标记"齿孔 15×14 度"的邮票，就意味着它的上下边线每厘米有 15 个孔，它的两侧边每 2 厘米有 14 个孔。

手机的电磁辐射

接打手机的确会产生电磁辐射，但这种辐射量很小，一般不会对人体健康产生影响。但如果手机质量不合格，或者长时间打手机，就得当心了！

手机的问世是通信技术的重大进步，它使我们能随时随地与家人朋友保持联系，而不需要受固定电话才有的电话线的束缚。手机问世那富于喜剧色彩的一幕，至今还在被人们津津乐道呢——

1973 年 4 月的一天，一名男子站在纽约街头，掏出一个约有两块砖头大的无线电话，并打了一通，引得过路人纷纷驻足侧目。这个人就是手机的发明者马丁·库帕，他打出的正是世界上第一次手机通信。当时，库帕是美国著名的摩托罗拉公司的工程技术人员。

这世界上的第一个移动电话，是打给库帕在贝尔实验室工作的一位对手，对方当时也在研制移动电话，但尚未成功。库帕所使用的手机是一部便携式蜂窝电话，这种手机可大啦，是现在人们所使用的手机的十几倍大。手机其实早在 20 世纪 40 年代就出现了。1946 年，美国最大的通讯公司贝尔实验室造出了第一部所谓的移动通讯电话。但是，由于它的体积太大，研究人员只

手机

能把它放在实验室的架子上，这个"庞然大物"显然不适合人们带在身上使用，于是人们慢慢淡忘了它，一直到库帕打出第一个移动电话。

随着技术的发展，手机除了重量和体积越来越小外，它在通讯技术方面也越来越进步。当库帕打世界第一个移动电话时，他可以使用任意的电磁频段，当然这是一种最原始的技术。到了今天，更新的、靠编码的不同来区别不同的手机的 CDMA 技术应运而生。应用这种技术的手机不但通话质量和保密性更好，还能减少辐射，可称得上是"绿色手机"。

手机是通过收发无线电波也即电磁辐射，来实现通话的，所以它会产生一定量的电磁辐射。在我们生活的空间中，充满着各种各样的无线电波，这就是看不见的电磁辐射。电磁辐射可分为两类：一类是自然界中产生的各种频率的电磁辐射（如太阳光等），这样的电磁辐射被认为是无污染的；另一类是现代电磁设备所产生和发射的电磁辐射，它包括电台、电视台、高压输电线、雷达、干扰发射机、微波加热设备、手机等，这些电磁辐射如果超过规定的量，就会对环境造成污染。

手机呼出时与网络最初取得联系的几秒钟内电磁辐射最强，因此在最初几秒内，最好不要马上将手机贴在耳边接听。

为什么磁带两面都能录音

录音机在进行录音时，实际上每次只使用磁带的一半，当把磁带换到另一面录制时，再使用另一半。但给人的感觉好像是在正反两面录。

1877年，爱迪生发明了留声机，创造了人类史上的奇迹，使声音可以储存和再现。但它的缺点也是显而易见的，比如录音时间短，录音质量差等。因此，许多科学家都在努力地研究声音的储存和再现的方法，力求在留声机的基础上有所突破。

1888年，一位名叫史密斯的科学家提出了改进留声机的设想。史密斯这一番美妙的设想给了另一位科学家灵感。1898年，丹麦科学家保森根据史密斯的理论，研制出了第一台磁性录音机。此后，许多科学家对录音机的改进作出了贡献。其中，美国科学家马文·卡姆拉斯的贡献最大。是他，把录音机的性能提高到相当完美的地步。

马文对于录音机的关注，纯属偶然。原来，马文有一个堂兄，爱歌唱，总梦想有朝一日成为明星。在这位堂兄看来，收音机中播放的歌唱家唱得未必就比自己好。"要是我的歌声能录在唱片里多好啊！"他想。于是，他找到马文，要马文帮忙。马文想：用唱片录音练习，太浪费了，还是想想别的办法。

就这样，马文开始了对录音机的研究。经过研究，马文在1937年制成一台采用新原理的钢丝录音机。此后，马文又对这台录音机进行了改进，并制成了又轻又薄的塑料磁带。当把塑料磁带放进录音机，用磁头读取时，录音机里就能放出事先录制好的声音。这就是我们现在常用的录音机工作原理。

索尼数据带

影子为什么不是彩色的

你经常去电影院看电影吗？在电影院里，不知你是否观察到这样一个奇怪的现象：电影银幕明明是白色的，但放电影时，你总会感觉在那上面是黑的，而此时放映室里并没有全黑，在微弱的灯光下，仔细分辨，还是能看得出白色的银幕来。这是怎么一回事呢？

原来，这是光线与人眼的错觉弄的把戏。大家知道，光线是沿直线传播的，传播过程中遇到不透明的物体时，光线就被挡住，它不能从物体旁边绕过去，于是人们把物体背光后面的这块较黑暗的地方叫做影子。影子的亮度相比周围其他部分要暗很多，人的视觉有很奇怪的错觉，相对较暗的影子，反映到人眼后，我们人就觉得影子特别黑。事实上，黑白感是相对的。

生活中有了影子，就有无穷的乐趣。看过皮影戏吗？它就是影子的"杰作"。

地球上各处的影子也不同。北极圈里是影子的"大人国"，因为那里的太阳光斜照，影子在茫茫雪原上伸展得很长；赤道地带是影子的"小人国"，因为那里的太阳高悬天空，影子变得很小。

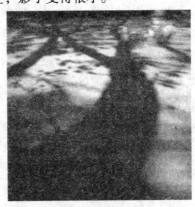

斑驳的影子

影子也可以消除掉。仔细观察电灯光下的影子，还会发现影子中部特别黑暗，四周稍浅。影子中部特别黑暗的部分叫本影，四周灰暗的部分叫半影。假如把一个柱形茶叶筒放在桌上，旁边点燃一支蜡烛，茶叶筒就会投下清晰的影子。如果在茶叶筒旁点燃两枝蜡烛，就会形成两个相叠而不重合的影子。两影相叠部分完全没有光线射到，是全黑的，这就是本影；本影旁边只有一支蜡烛可照到的地方，就是半明半暗的半影。如果点燃三枝甚至四枝蜡烛，本影部分就会逐渐缩小，半影部分会出现很多层次。

医院里做手术用的无影灯，就是根据上述原理制成的。它将发光强度很大的灯在灯盘上排列成圆形，合成一个大面积的光源。这样，就能从不同角度把光线照射到手术台上，瞧，它既保证手术视野有足够的亮度，同时又不产生明显的本影，给它取名无影灯，可真是名副其实。

奶糖是怎样生产出来的

奶糖是用牛奶、糖、麦芽糖和牛油等一起混合制成的。当这些原料被运到工厂后，工人把它们放进大锅里煮，一直煮成黏稠状，再捞出来切成小块，冷凝后就变成了奶糖。

糖是人体不可缺少的养分，人体必须补充的四种营养成分里，糖名列其中。科学家发现，胎儿在妈妈肚子里的时候，就已经开始喜欢甜味了，甜味是婴儿第一种能分辨的味道呢。洗热水澡前吃一点糖果，可防止头晕或虚脱；活动量大时，半小时前适量吃些糖可补充能量，保持精力充沛，身体灵活；饥饿疲劳时吃糖，会迅速纠正低血糖症状；餐前2小时吃些糖不仅不影响食欲，还可补充能量，利于生长发育……呵呵，怪不得你这么喜欢吃糖了。

可是，伴随着自己的长大，糖果总被大人们冠上"不健康"、"对牙齿不好"的"罪名"。的确，糖吃多了也不好，糖会带来肥胖症、龋齿、糖尿病等疾病，所以，你吃糖的时候可要有节制呀。

食糖是糖的总称。由于加工环节不同、深加工程度不同、加工工艺不同、专用性不同，食糖可以分为不同的品种，如原糖、绵白糖、白砂糖、冰糖、方糖、赤砂糖、土红糖等。工业和日常消费量最大的食品糖为白砂糖，也叫白糖。目前，全世界的糖产量每年有近亿吨，其中兰分之二是白糖。

不同地区的人，称呼糖的名字也不一样，古希腊人将糖叫做"印度盐"，古罗马人则称糖为"印度蜜"。

我国早在唐代就制出冰糖。8世纪70年代也就是唐代大历年间，有一位名叫邹和尚的僧人，首创了窨制糖霜（冰糖）的技术。这位邹和尚称这种糖为"霜"，以后人们便称之为"糖霜"。又因其透明如"冰"，也称为"糖冰"，后来又演变为"冰糖"。

奶糖

洗不掉的碗上画

我们常用的碗多是瓷碗，这种碗是用泥土经高温烧制而成。从窑里刚烧出的碗还只是粗糙的土坯，为了美观，工人便用一种颜料在碗上画上图案，再涂上一层釉，经过一些特殊工艺，这样做出来的碗就不会掉颜料了。

瓷器是我们日常生活的必需品，哪一家没有碗这些瓷器呢？

在原始社会，由于雷电常引起森林大火，大火烧过的土显得很硬。人们据此推测古代的人正是受这个现象的启示，开始用粘土加水涂抹在篮子上，然后在火中烧烤，得到了不易透水的容器，这就是最早的陶器。人们用这种器皿来盛水，存放食品。而瓷是在陶的基础上逐步发展而成的。瓷和陶相比，瓷比陶细腻、光滑、坚硬；瓷以瓷矿石为原料，陶则以陶土为原料，瓷的烧成温度在1 300℃左右，而陶一般不到1 000℃。

瓷器是中国的发明。早在公元前16世纪的商代中期，我国劳动人民不断改进原料和制作工艺，提高烧成温度，创造出了原始瓷器。传说在古代，中国瓷器第一次传到欧洲时，那美妙、坚硬的器具令当地人大为惊讶，人们不知道这是什么东西，更不知道如何称呼，只知道是来自中国的，于是就称这奇妙的物品为"中国"，即CHINA，这一词至今还在使用呢。

我国生产瓷器最有名的地方是江西省景德镇。景德镇以产瓷享誉世界，素有"瓷都"之称。1000多年来，这里窑火连绵，制瓷业代代相传，发明创造层出不穷，创造了许多瓷器的奇迹。例如，南宋末年创造了制瓷原料新配方，即瓷矿石加高岭土的二元配方；元代创烧了青花和青花釉里红瓷；明代发明了颜色釉、斗彩、釉上五彩瓷；清代发明了玲珑、粉彩瓷等。经过长期的锤炼，景瓷形成了"白如玉，明如镜，薄如纸，声如磬"的特色。

瓷器上的花纹

湿手当心莫触电

人体本身是传电的，潮湿的东西包括湿手都特别爱传电，所以不能用湿手去触摸带电的物体。当电流通过身体时，会对身体造成极大的危害，重则会失去生命，所以得当心。

电的出现，给人类带来巨大的方便，甚至我们今天的生活，离开电几乎寸步难行。人碰到带电的导线，电流就要通过人体，这就叫触电。电流通过人体，对于人的身体和内部组织就能造成不同程度的损伤。这种损伤分电击和电伤两种。电击是指电流通过人体时，使内部组织受到较为严重的损伤。电击伤会使人觉得全身发热、发麻，肌肉发生不由自主的抽搐，逐渐失去知觉，如果电流继续通过人体，将使触电者的心脏、呼吸机能和神经系统受伤，甚至停止呼吸，人也就会死亡。

有一个奇怪的现象：人碰到高压电线会触电，而小鸟站在高压电线上却不会触电，这是为什么呢？因为电流不会通过小鸟的身体。看，小鸟是两只脚同时站在电线上，这样，电流没有出口，所以小鸟不会触电，当然也不会被烧焦了。人碰到高压电线的时候，通常是站在铁塔或地面上的，此时电流因为有出口，很容易通过。所以修理电线的工人，手要带上绝缘手套，同时还要站在不接触到地面的梯子上，这样才不至于触电。靠近高压线也会发生意外事故，因为高压电线有吸引人体的力量。在高压电线附近玩耍是非常危险的，所以大家绝对不要靠近它。

1746 年，荷兰莱顿城莱顿大学的一位教授无意中发现：可把带电的物体放进玻璃瓶里，这样能把电保存起来。这个能装电的瓶子因为是在莱顿城发明的，所以叫做莱顿瓶。

二、未来生活中的科学

未来世界食品如何保鲜

低温可以使食品细胞的呼吸作用减缓或停止，阻止进一步成熟或衰老。冰箱就是利用这一原理使食品保鲜的。这种方法称为冷藏保鲜技术。

但是，一些叶类蔬菜往往在0℃左右就会变味，西红柿、黄瓜在7℃以下就会褪色，出现皱褶、斑痕，如果再放回到较高的温度中就会腐烂。为了解决这个问题，科学家发明了气调塑料包装技术。

气调塑料包装是将食品封入装有一定气体的塑料薄膜袋内，并调节好密封塑料包装内的气体浓度，使它恰好能够维持食品组织的有限呼吸。袋内的食品既不致成熟、衰老，也不会发生无氧呼吸而发酵。经过实验，青椒在含3％氧气和3％二氧化碳气的塑料薄膜包袋内可保鲜三星期；半成熟的西红柿贮藏两周后，再打开包装仍然可以继续成熟。气调塑料包装也适用于鱼、肉等加工品，可使它们保持十足的鲜味和诱人的颜色。

国内外市场上已出现一种小包装速冻食品，它是采用快速流态冻结新技术制成的，这是继气调塑料包装技术之后发明的又一新技术。食品在流态冻结过程中，先冻结外壳，再全部冻结。如果食品需要久存，只要送到喷水管下喷水，使食品表面结成薄膜，防止干耗氧化，然后再包装贮存。

灭菌，是食品保鲜贮藏中一道重要的工序。传统的食品罐头一般是先包装再灭菌，这种技术将被无菌包装所代替。无菌包装是将超高温灭菌的食品，在无菌状态下装封在无菌的包装容器中，它可以最大限度地保存食品原有的营养成分、组织结构、色香味等。无菌包装的番茄汁，其中维生素 C 保存率达91—98％，而制成普通罐头，维生素 C 保存率仅为59％～67％。

除加热灭菌外，微波灭菌是更先进的技术。它可以对塑料薄膜包装、纸盒包装的食品组织内部进行均匀、迅速的加热，破坏食品中微生物的蛋白质及其他成分，起到杀菌作用。

未来的炊具是什么样子

未来的炊具可以随身携带，它们不仅小巧，使用方便，而且人们不必为找不到能源而忧虑。比如，一只加盖的杯子就是一个小型加热器。只要一拉杯子外面的手柄，杯子里面的咖啡、鸡汤等就会立即被加热，人们可以直接用杯子喝热咖啡、热汤，绝不会烫嘴，因为杯子的绝缘性能极好。

杯子加热的秘密，全在杯子底部底层内壁和外壁之间装有一种固态的化学药品和一颗充满液体的胶囊。当你一拉外面的手柄时，胶囊就破裂，两种化学药品混在一起，随即发生反应，产生的热量可以将杯子内的水烧开，煮咖啡、热汤或加热其他已烧制好的半成品的菜肴。这种加热杯是一次性的，吃完后扔掉杯子就行了。

根据类似的道理，可以制成饮料速冻罐。它是类似现在"易拉罐"的标准铝制罐头，里面有一个极小的冷冻装置，其中装有少量的高压液体。如果扳起盖子，高压液体就会自动蒸发，但化学药品丝毫不会接触饮料。90秒钟后，饮料的温度就会下降到 1～2℃ 人们可以立即喝到清凉可口的饮料。

太空食品

太空中所有的物品都失去了重量，变得可以随处飞扬，好像空气一样。这样，宇航员就不能像地球上那样可以随时取食，轻松地嚼咽，不然就会因食物不能下咽而卡在食道中间，危及生命。因此，科学家在研制宇宙飞船的同时，也研究制造太空食品。

经过许多次的太空实践，科学家发现，太空食品要求营养丰富、卫生、进食方便。

现在供宇航员食用的食品，各类繁多，不仅有新鲜的面包、水果、巧克力，也有装在太空食品盒里的炒菜、肉丸等，还有番茄酱等调味品。这些食品大多是高度浓缩的、流质状的。所以，宇航员吃饭时，只要"飘游"到厨房内，向食品盒注入一定的水，进行加热，然后就可以像挤牙膏似的把食物挤进嘴里美餐一顿。当然，如果要吃花生米类硬颗粒状食物，那就不能直接往嘴里送，否则会塞到鼻孔里。比较稳妥的办法是让花生米在空中飘着，然后张大嘴去捕捉。

因为太空食品具有进食量少、发热量高、营养极其丰富的特点，所以日本首先研制了这种常用太空食品，供地球上使用。新开发的常用太空食品有两种。一种是流质的，叫"营养补液"，专供医院病人用，进食时用一根一定直径的细管通人胃里，直接给食，比静脉点滴的效果还好。另一种是固体的"高浓缩营养胶囊"。这种外形像胶囊的太空食品，可以根据不同人的需要来制造。这种太空食品现在主要供病人、偏食的幼儿、饮食不规律的体弱者以及营养不足的运动员用，将来会成为人类最方便、营养价值最高的食品。

药物食品

中医学自古就有"药食同源"之说，许多中药既是药品，也是很好的食品。随着近代化学药物的大量使用，药物的毒副、作用逐渐被人们所认识。为了克服药物的毒副作用，减少或避免医源性疾病的发生，人们开始开发能代替药物的食品，到了21世纪能代替药物的食品将走进千家万户。

可使人聪明的食品。人脑的发育与饮食营养有着密切的关系，血脑屏障对药物进入人脑有一定的选择性。前人经过多年的积累发现，食物能够影响人的健康，不同体质的人对饮食的要求不同，长期食用某种食物会使人身产生一些不适的反映，有的食物还可以影响大脑。中医学著作《食疗本草》讲的就是如何利用食物治疗疾病。其中有些药性植物可做成食品，健脑益智作用很强，如刺五加皮、人参、黄精等。人们可以通过进食某种特殊的食物，来改善人的记忆力，增强学习能力。按照时间生物学的观点，人的精力以上午最强，于是，就设计一种早餐，唤起人们的注意力，提高人的创造力和分析力。含有某些促进神经活动的药物食品，能够按照人的意愿，使它对大脑的某一部位在特定的时间内产生效果。

促进睡眠的食物，高速发展的社会，大量可处理信息资料，使人们的大脑得不到充分的休息，睡眠障碍的患者将明显增多。到了就寝时间，吃点什么食物或饮料会使人引起睡意呢？酒虽然可以促进睡眠，但过多的饮用会引起酒精性肝炎脂肪肝和肝硬化。当然会有更好的食物或饮料会改善人的睡眠。γ-氨基丁酸（GABA），如果人们能够使用促进神经递质增加的物质，或前体（如色胺酸）等，或存在于食物中的促眠物质，将会通过某种途径，作用于人的大脑某一区域，从而使人很快入睡，且不影响睡眠——觉醒周期。这不仅适合于正常人，对精神病患者也非常有益。

戒毒食品。吗啡、可卡因、古可碱等都是能作用于大脑并影响大脑功能的毒品。长期吸毒的人，戒毒往往是很困难的，除了强制性的手段外，解毒药物也会有一定的副作用，要让那些吸毒的"瘾君子"回到社会，开发一种能逐渐解毒的食品或饮料，是非常重要的。阻断药物对大脑的作用，促进毒物从汗、尿、便中排出，食物当然是最好的。

改善时差不适和轮班不适的食品。经常乘飞机出国或长期倒班的人们，时差和倒班带来的不适常困扰着人们，尽管飞机上的饮品或工作餐会对人们有所安慰，而要重新拨动人的生物钟，最好的办法是睡觉。服用营养素，或含有某些中药成分的食品，将给经常外出的人带来舒适。

昆虫食品

昆虫具有很高的营养价值，其蛋白质的含量一般在30%～72%，所含的氨基酸超过联合国粮农组织规定的食品营养含量标准。拿蚂蚁来说，除了牛肉所含蛋白质（21.5%）超过蚂蚁（20.4%）外，鸡（20.2%）、鱼（18.9%），猪肉（18.5%）和蛋（6.4%）都不及它。至于维生素的含量，蚂蚁更是名列前茅。

昆虫的适应性强，世界上每一个角落，都有不同的昆虫生活，而且繁殖能力惊人。一对普通的苍蝇一年能产卵5.5亿个；埃及蝗虫每月平均产卵19.5万个；一只蚁王每天产卵340颗。源源不断的昆虫后代，为人类提供了丰富的食品来源。

昆虫食品并不是今天才有。我国向来有"北吃蝗虫南吃蝉"的习惯。蚁卵酱、炸蝉、炒蜂，是周朝帝王御膳的盘中餐。今日广东人吃虫胆量大，流行的名点有油炸土鳖卵鞘，盐炒金龟子幼虫、黄蜂蛹炒鸡蛋、炸蝗虫、炸蝼蛄等。广西有人用蚂蚁卵调面条，拌凉菜。哈尔滨流行蚕蛹食品多达四五种。

各国食虫的种类繁多，非洲南部的南非共和国、莫桑比克、津巴布韦等国家嗜好毛毛虫，这种虫是一种大帝蛾的幼虫，长达10厘米，可油炸、红烧、白焖，也可制成肉虫干。据说成年人一天吃20条虫，就能满足人体一天对钙、磷、铁、核黄素的需要。泰国首都曼谷各大酒家有一种叫"飞虾"的名菜，原来是蝗虫油炸而成。法国一家公司还在墨西哥，办起了昆虫罐头厂，专门收购蚂蚁卵、蜂蛹、龙舌头等昆虫，加工成罐头食品，运到法国再裹上一层巧克力就身价倍增。

全球昆虫总重量是人类的12倍。已知昆虫100多万种，现已查明的有500多种昆虫可食用，如蚂蚁、蝉、蝗虫、螳螂、蟋蟀、蝴蝶等，其中十之八九是害虫。由于昆虫具有繁殖快、饲养成本低，便于人为控制、适合工厂化生产等特点，因此昆虫食品有着广泛的发展前景，这一取之不尽的人类食品新资源，有待人们去开发。

超高压食品

食品贮存技术越来越受到人们的重视，一些行之有效的方法，如风干法、冷冻法、罐头封装法等，都会使食品的鲜味受到不同程度的损害。现在出现了一种具有划时代意义的食品保存技术，就是超高压加工法，加工的食品为超高压食品。

超高压加工就是把食品置于数千个大气压之中，在不损害食品材料本质的情况下对其进行调和、加工，杀菌。食品材料，在超高压环境中，淀粉变成糊状，蛋白质变成凝胶状，类似蜂蜜。虽然淀粉和蛋白质失去了本来的面目，变得表面发光、质地细腻，但色香味都不失原有风味。对新鲜的鳕鱼加4000个大气压，就能变成新鲜鱼糕。把水果和砂糖装入塑料袋中，加高压能制成果酱。超高压加工食品，还会产生奇特的效果，比如对陈米加1000个大气压，它便具有新米的味道。

超高压食品不但无菌，保鲜时间长，而且还能使食品增添附加价值，成为人们理想的食品。

辐照食品

这是一种用放射线辐射处理过的食品，它可以在没有冷冻条件下贮存很长时间。美国曾上市一种用银箔包装的肉食，是专门为宇航员准备的带汁的鸡肉、牛肉和瘦猪肉，整整存放了六年之久，可是食品的色泽、香味、味道和营养如同新鲜的一样。

食品进行辐照处理时，要先把食品装入多层塑料薄膜袋中，并用真空泵抽出袋中的空气，然后放入液氮中降温冷却。这样做是为了尽量减少在以后处理中食品色泽、味道、肉质和营养成分的损失。

辐射处理是放在 1.8 米厚墙壁围成的巨大房间里进行的，常用的射线有伽马射线和电子束。伽马射线能使电子从食物分子或原子结构逸出，变成离子。新产生的离子和细菌、霉菌或其他的虫卵中的蛋白质起反应，从而杀死这些微生物和虫卵，或者阻止它们生长。同时还能杀死病原体和引起肠胃病的细菌。

用不同的照射剂量，可得到不同的效果。小剂量照射，一般用来抑制植物发芽和过度成熟，以及用来杀灭病原和寄生虫等。中等剂量的照射多甩于肉类、鸡蛋、鱼类、贝类、果品、蔬菜以延长保存期，杀灭沙门氏菌。大剂量的照射目的是完全灭菌，如极低温冷冻的肉类、鱼类、腊肉等。

人类未来的粮食——石油蛋白

如今，世界人口已突破 60 亿，每年消耗的粮食总量达 12 亿吨。随着全球人口的不断增长，人类总有一天会因缺粮而难以生存。为此，科学家提出开发人工食品，其中很有发展前途的新的食物来源，是从石油中提取蛋白质。

石油之所以能够变成食品，全在于微生物的功劳。在自然界，生存着许许多多微生物，这些微生物中有一些靠"吃"石油为生，它们选定正构烷烃和甲烷作为自己的食物，从而可"生产"出人类大量需要的蛋白质。

在实验中，科研人员首先对这些微生物进行筛选、培育和繁殖，然后将它们接种到正构烷烃的液体石蜡上，由于具备氧气、水、温度和适当的酸碱度等微生物生长繁殖需要的条件，它们在对石油消化和分解后，可繁殖出新的一代，随着微生物的不断繁殖增多，使用先进的工艺技术，科学家可对这些微生物进行处理，从而生产出营养价值很高的石油蛋白质粉末。这种如同奶粉一样的"石油蛋白"，每 100 克中含有 42 克蛋白质、3 克核酸和一些维生素，而人们今天经常食用的鸡蛋或瘦肉，每 100 克中仅含有蛋白质 14 ~ 20 克。

未来世界会出现什么样的布料

功能各异的纺织品

未来的纺织品，除了御寒保暖外，还具有多种功能。

防弹纺织品。第二次世界大战后，发明了能抵挡子弹的防弹衣。不过，那是由钢板、钢丝制成的，笨重、不舒服，不能防护全身。后来发明了凯芙拉纤维，这种纤维重量不到钢的五分之一，然而强度却比钢大 6 倍。用凯芙拉纤维制成的防弹服，重量仅 75 克，穿在身上能抵御轻机枪子弹的射击，用这种原料制成的服装，在医疗上，还可以保护伤口，或者使受伤的骨骼较快地愈合。

抗菌纺织品。这种纺织品的表面带有极微量的抗菌剂，可以慢慢地释放出来杀死各种细菌，防止因细菌、霉菌增殖而产生的恶臭，对人体却无副作用。

吸汗纺织品。这种适合运动员穿的衣料，里层采用高吸水纤维织物，外层采用不吸水纤维织物。这种运动服里层的亲水织物将汗水迅速吸走，转移到外层疏水织物被挥发，这样可使运动员的皮肤保持干燥、舒适，没有潮湿、粘附的不舒服感觉。

除臭纺织品。在纤维织物中，掺入新的除臭剂——人工酶，就可以制成除臭纺织品。除臭纺织品不但可以除去人体发出的臭味，消除粪便、尿液散发的臭味，还可以除去污泥等的天然恶臭。

超纤维纺织品。超纤维是最引人注目的一种纤维，它具有高伸缩性、强韧性以及耐疲劳、耐腐蚀、耐湿、耐热等特点。超纤维纺织品可制作防火服、航天服等，还可以做混凝土的增强原料。

太空棉。又称金属棉，是一种全新型的超轻超薄、高效保暖的内衬材料。它的两面是两种不同的材料，正面是一种非织造的特种复合化纤材料，反面是一层薄薄的带有无数个微孔的金属层，太空棉的保暖性、透气性、耐用性等远远超过羽绒、驼毛、丝绵等传统保暖材料。

防癌纺织品。太阳的照射，是使人们患皮肤癌的重要原因，澳大利亚科研人员发明了防皮肤癌的纺织品。它将面料用一种特殊化学物质处理后制成衣，防止阳光中紫外线照射的效果要比普通面料高出四至八倍。夏季穿的轻质衣服，如棉 T 恤衫，只能使人在大约两个半小时内不受太阳照射之苦，而穿上这种新的化学物质处理过的衣服，可保护皮肤在 12 个半小时以上的时间内不受日晒之害。

提神纺织品。日本及美国的科学家，将芳香疗法的物质，通过"微型压缩"使其密封在胶囊中，让这些小胶囊附着在织物上，一旦胶囊破碎芳香物质就会释放出来，穿着这种衣服的人精力充沛，精神焕发。

调湿热纺织品。这是一种涂有透湿调节功能的聚合物的布料，聚合物涂层的厚度约 0.01 毫米，当温度升高时，聚合物的分子之间的空隙就增大，犹如布料的"毛孔"打开，使汗蒸发出去；在冷的时候，"毛孔"关闭，保持热量，与人的皮肤相似。这种布料防水性好，质感柔和，透气性优良，适宜于运动员穿着，还有防雨的作用。

皮肤型蛋白质衣料

这种衣料是一种由蛋白质加工制成的蛋白质纤维加工而成的。它不仅有人造纤维的优良特性，而且具有皮肤一样的透气保温性能。

用蛋白质作原料制成蛋白纤维早已有了。英国人从动物胶中提取蛋白，制造出人造蛋白纤维；意大利人以牛乳酪素为原料，制成人造羊毛。蛋白纤维就是纤维素。科学家用蚕分泌出丝液吐丝的方法，先在大豆、玉米和花生中提取出蛋白质，制成粘稠状的纺丝溶液，再经喷丝头中凝固剂的作用，使它凝固成为蛋白纤维。这种纤维具有一定的透气透湿性，但强度较差，而且所用的原料又是人类的食物，所以发展受到限制。

科学家又找到一种人体蛋白质做的衣料，就是皮肤型蛋白质衣料。因为人体蛋白质水解后可得到 20 余种氨基酸，利用氨基酸聚合体制成的衣料，具有皮肤的呼吸功能，既能保温，又能透气。人体蛋白质的来源很广，泪水、唾沫、汗液和尿液中都有。如果将人体蛋白质纤维做成呼吸型衣料，便是很有前途的服装新材料。

所谓能呼吸的皮肤织物，大多是多微孔薄膜的织物，这些薄膜的微孔比水滴小、比水分子大。用这种织物制成衣服，雨水不会透进衣服，而衣服内的汗水气可以排出。另外，微孔内壁经过拒水材料处理，能阻止水由于毛细管作用沿微孔向内渗透。

制造多微孔薄膜的方法有三种。一种是涂层中加入亲水性微粒、多孔填料或发泡剂等，使涂层中形成许多微孔。另一种是采用超细纤维织物经超高收缩后，产生高密度的微细绒毛，它的孔隙很小。还有一种是利用高聚物在特定的工艺条件下，使原纤维组成的行列结构产生变形，行列间形成多微孔，再经过热处理把这些微孔固定下来。

细菌布

生产人类未来做衣穿戴的布，可以不用栽种棉花和纺纱织布。19 世纪初，科学家发现了一种能使酒变成醋的细菌，叫胶醋酸杆菌，它会"吐"出一根根微小的丝。后来经过人工培育繁殖，制取到一种完全新型的尤纺织物，人们叫它细菌布。

细菌布的纤维，实际上是"霉菌"生产的。只要有一定的温度和少许的养料，这类细菌就会长出大量纤细的"绒毛"，这就是通常讲的"长霉"。科学家在细菌培养基里滴进几滴荧光增白剂，细菌受到刺激，使多束的微细纤维合并在一起，变成又粗又长的纤维，而且生长速度也比正常速度快三倍。这些纤维经过互相交叉粘合，会形成菌丝的纤维网络。把它们的水分滤掉，像造纸一样，再用化学增塑剂处理，便得到具有一定柔软性的无纺纤维成品。通常，只要48小时，就能在 5 升的培养罐内制取 0.5 公斤的细菌纤维，这比棉、毛、丝等的生产周期要快千万倍，甚至比化纤的生产速度还快。

细菌布大量生产的难题是造价昂贵。因为培养细菌要用葡萄糖，成本很高。所以，科学家正在研究新的细菌，制造一种既有光合作用能力又能产生纤维素的新型微生物。如有一种蓝色绿萍，它能直接利用阳光制造自己需要的养料和葡萄糖。这样，细菌可以直接利用太阳能"织"出大量的布来。藻类很普遍，用来生产细菌布就便宜了。

细菌纤维质地坚实，纤细而柔软，比棉麻纤维有更多的优越性。细菌布最适宜用作医疗上的绷带，它能使伤口形成一种与人的皮肤细胞组织相似的柔软"皮肤"，能促进伤口表面的愈合，疗效显著。

未来人们的服装

冬暖夏凉的"空调"服

这种衣服好像我国传说中的珍珠衫和火龙人，夏天穿上可以遍体生凉，而冬天穿它则不畏寒冷。如果你从温暖的广州到寒风凛冽的哈尔滨，路上穿这衣服，便能随天气变化自动调节温度，十分便利。

这种轻便的服装是用一种特殊处理的衣料制成，可将温度控制在人感觉舒适的范围。它有两种设计型式：一是电子式的，一是晶体纤维式的。

电子式的空调服类似于电热毯，但它不需要人来调节温度。这种衣料里编织有微细的电热、冷却和通风的材料，并有许多微细的传感器，通过微触头与人体皮肤接触，好比好多只微细的温度表一样，记录出皮肤的温度。当它们发现偏离了人感到舒适的温度范围时，就自动地进行调整。

晶体式衣服是用两种特殊化合物处理过的纤维制造的，这两种叫做塑性晶体的化合物，会随着环境冷热不同，变化自己的排列结构。当环境温暖时，晶体呈现立方体的形状并吸收热量；当天气变得冷一些时，晶体恢复它原始的正方晶体结构。用这两种晶体处理过的纤维材料能贮存和释放热量，比没有处理过的纤维多吸收二到四倍的热量。科学家已经在多孔纤维里应用了这两种晶体，还用来作棉花纤维的表面涂层。这些纤维经受冷热变化 150 次之后，晶体仍然工作完好，因此把它们做成晶体服装，在大雪纷飞时，衣服会发起热来；而当热浪袭来时，外衣又会自己变凉，成了一种冬暖夏凉的"空调"服。

一件衣服穿四季

早先，科学家们已经研制出了一种中空纤维。像羊毛、木棉、羽绒等天然纤维一样，这种纤维内部具有空腔，由于空腔中充满了空气，所以保暖性能很好。假如在空腔中充入保热性能胜于空气的氮气，保暖性能会更好。

利用中空纤维的上述特性，科学家制成了四季可穿的服装。不过，制作时还要经过特殊处理，就是在加工时掺入溶剂和气体。当周围气温降低时，溶剂就会凝结而把气体驱入管状纤维使它膨胀，衣服因此显得紧密厚实。加上纤维内充有气体，衣服的保暖性能使大大提高了，当周围气温上升时，溶剂又融化成液体。溶剂融化时吸热，具有一定的"制冷"效果。这时纤维恢复原状，衣服变薄，孔隙增加，透气性好，穿着就觉得凉快多了。这种衣服特别适宜在一天中气温变化剧烈的地区穿着。如果在寒暑不十分悬殊的地区，从春到冬，有这样一件衣服，也就足够了。

多功能的无尘衣

科学家们正在研制一种无尘衣。这种衣服不但不会沾染灰尘，而且还有杀菌、防爆的性能。这是因为在某些工厂，工作人员的服装必须无尘、无菌或者防爆，否则，产品质量就会下降，甚至还会因静电火花而发生爆炸。

为了制作这种衣服，科学家先要弄清楚，衣服为什么会沾上脏污。

除了皮肤的排泄和接触脏的固体、液体之外，空气中的灰尘是脏污的主要来源。空气本身带有悬浮的尘埃、微粒，衣服很容易沾上这些灰尘。合成纤维制成的衣服，在受到摩擦后极易带电，很容易与空气中带异性静电的灰尘相吸，它的吸尘力是棉、毛织物的六七倍。

一般的除污办法是利用肥皂或洗衣粉的化学作用，拆开互相吸附的脏污和纤维分子，也可以在合成纤维中加入一定比例的不易带静电的棉、毛、粘胶等纤维，以降低静电，减少吸尘现象。

80 年代，德国制成了涂有镍、铜或金等金属薄膜的纺织品，这层薄膜很薄，不到 1 微米厚，所以用它制成的"无尘衣"，除了重量稍有增加外，外观、柔软度、强度、抗皱性能等几乎与普通织物一样，我国试制出在纤维之中嵌入金属、碳黑等导电材料的导电涤纶，可以用来制作抗静电的"无尘衣"。

更新的"无尘衣"，是用预先经过"污"性处理的织物制成的。所谓

"污"性处理，是使织物先吸饱、填满无色或与织物同色的人造"污"粒，使它没有余地再沾污。日本已经生产了一种经过处理后油水不沾的灯芯绒，水迹、果汁、酱油等都丝毫不会沾污它，下雨时还可当雨衣。这种"无尘衣"虽经多次洗涤，功能仍然不减。

特殊功能的航天服

宇航员在太空工作，不能像在地球上那样可以随便穿什么服装，他们必须穿上特殊的制服——航天服。

航天服由服装、头盔、手套和靴子四部分组成。服装又由三部分组成，最外层是防护服，它不怕火，能适应剧烈的温度变化，能阻挡宇宙射线的直接辐射，还能抵御宇宙中小陨石的撞击。中间的一层是气密服，它会产生每平方厘米 0.25—1 公斤的压强，以维持宇航员的身体不致向外扩张。服装的最里层是水冷式内衣，是在耐纶纤维层中加入长约 200 多米的聚氯乙烯细软管制成的，在这些细软管内通入冷却水，软管与人体皮肤接触，达到调节温的作用。

头盔由透明的聚碳酸酯制成，能使宇航员头部避免来自太阳的紫外线和红外线的强烈辐射。头盔内有缓冲器，能缓和人呼吸时的冲击。

宇航员的手套能耐热、耐磨，可保持手套内部的一定压力。尽管它的层数很多，但做得很精巧，能保持手指的灵活运动，不妨碍宇航员完成各种细致操作。靴子同手套一样耐热、耐磨，对脚部有很好的防护作用。

此外，航天服中还有一些特殊装置。用织物缝在通讯帽里的通讯和微型控制装置，这是帮助宇航员进行通讯联系的。航天服背上有生命保障装置，它由氧气瓶、调节器、水箱组成，这种装置是在宇航员去舱外工作时才用的。

航天服这么复杂，所以其造价很高，至少需要 200 万美元！

未来世界如何量体裁衣

　　未来的衣服制作会比现在简单得多。服装店有电脑设计、裁剪系统和电子缝纫机、超声波缝纫机。在电脑设计、裁剪系统中，早已输入男女各式各样的服装数学模型，需要做什么服装，只要把要求告诉电脑，计算机屏幕上就会显示出整套服装的衣片。接着，由电脑控制自动裁剪。

　　电子缝纫机是最聪明的"裁缝"，它能听懂十几种语言，缝制出上百种式样的服装。缝制衣服，不用针，机器产生的超声波可以使两片衣料的边缘高速振动产生热量而融合在一起。用这种方法"缝"出的衣服非常牢固，不必担心开线。

　　那些又瘦又高或又胖又矮的人，将来不必为买不着合适的服装而发愁，"直接成衣法"可以使他们穿上合体的服装。电子计算机根据他们的体形特征排出程序后，可以用网丝编织出一个与做衣者一模一样的模型，然后，化纤喷丝头会像蚕吐丝那样把化纤直接喷绕在人体模型上。只要几分钟，一件十分合体的衣服就做成了，真是"立等可取"。

　　年轻的姑娘、小伙子最喜欢式样新颖的时装，但是他们又担心不合自己的身材、体型。未来的服装商店可以随你"试穿"任何一件服装，哪怕是最珍贵的毛皮大衣。在法国巴黎的一家服装商场里，竖立着一面神奇的试衣镜。人们站在这面"魔镜"前面，不必更衣，就可以试穿商场里各种色彩、款式、尺寸的服装。这面"魔镜"的轮廓像妇女的体表，上面标有各种数码，使用时，先由服务员操纵遥控装置，使镜子里的影子与顾客的高度相仿，然后，一个穿着时髦的女郎的形象，就会出现在"魔镜"中。这个影像的身体是穿着新式服装的模特儿的身体，而面孔是顾客本人的。站在"魔镜"前试衣，试30套衣服用不到5分钟。随着"魔镜"中服装款式、颜色的变换，顾客就可以选择出最中意的服装。

未来人们会穿上什么样的鞋

一个人一生所走过的路程，总计约40余万公里，相当于绕地球10圈。在这漫长的旅途中，人们为了保护自己的双脚，不同的季节选穿不同的鞋。人们也常常根据自己从事的各种活动，选穿具有不同功能的鞋。未来的鞋能进一步满足不同人的需求，出现各式各样功能奇特的鞋，使鞋的世界更加丰富多彩。

音乐鞋

这是儿童喜欢的鞋。鞋底装有印刷电路版、电池、音量调节器；鞋四周的倾斜面安装着四个琴键开关。依次踩下双鞋的琴键，便发出八个音符声响。孩子们穿上它，行走、跳舞都有音乐伴奏了。

高速鞋

这种鞋里装有小型发电机，能带动鞋底下的胶轮滚动，或是带动装在鞋跟里的压气机，利用压气机喷射气流的反作用力把人推向前进。穿上这种鞋，每小时行速可达10~20公里。

行水鞋

这种鞋的形状像木制的雪橇，正中央可穿脚板，底部有排水的推进器。穿这种鞋的人只要手持两根顶端带有胶合板浮子的木棍，以保持身体平衡，过湖涉河就如履平地。

夜光鞋

这种鞋是在鞋的前部装有小灯泡，在鞋后跟装有微型电池，并配有开关，夜间行走可随时照明。另一种夜光鞋是由加入夜光材料的塑料制成，在黑暗中发出淡淡的冷光，对于夜间值勤人员十分适合。

磁性鞋

在鞋的内底的一定部位（如脚底涌泉穴）上，放置永久磁体，或是在鞋底安置压电元件和电磁线圈，当穴位受到磁场的刺激时，就会起到一定的保健作用。这种磁性鞋不仅有助于消除脚部疲劳，而且对许多慢性疾病都有一定的治疗作用。

调温鞋

这种鞋带有加热器，可以根据不同气温自动调节鞋内的温度。它最适合老弱病残者和气候严寒地区的边防战士使用。

药用鞋

鞋底空腔内填充着粉末状的有机酸物质或带有芳香味的中草药，利用它们吸收脚汗、湿气，消除脚痒，达到防治脚病的目的，同时还可以除去臭味。

脚下生辉的现代鞋

人脚是一种特殊的"运动弹簧"。行走时，重心先落在足跟，然后转向足尖。这种运动形式使足弓从展平到弯曲之间进行弹簧般的活动。据研究，人在每一次落脚和抬脚中，肌腱提供35%左右的弹力，而足弓可提供约17%的弹力。

为了使人行走轻快，不觉疲劳，设计师们动脑筋在鞋底上做文章。有的鞋在鞋跟后部夹一层弹性滞后材料，它能产生缓冲作用，减小震动波的强度。有的在楔形鞋底夹层中设一个上下两层的气密封闭室，脚跟着地时，人体的重量使上层气密室的部分空气，通过分隔层上的小孔，缓慢地注入下层气密室，产生缓冲作用，减少因脚跟碰击地面而产生的震动强度。法国设计师为旅行家专门设计的便鞋，是在出发之前先往鞋底内的囊袋里打入一定压力的空气，借空气的作用减少震动，增加弹性。

不过，这些鞋都是从缓冲震动的角度设计的。如果从速度上考虑，就得提高鞋的"弹簧"性能，有助于发挥脚的弹跳。这种鞋的出现，开阔了设计者的思路，未来将会有老年人、平足者、旅行家等不同人使用的新式鞋。

会散热的服装

每当夏季到来，火红的太阳当头照，空气也变得炽热，人们为了适应高温环境，就要穿得薄些，或穿一些浅颜色的衣服。尽管如此，衣服还会被汗水浸透，背心或衬衫上留下斑斑的汗渍，穿在身上很不舒适；有时虽然出汗很少，可过多的日照，又会晒黑皮肤，损伤眼睛，易患皮肤癌。为此，各种防晒霜和润肤油销售的十分红火。这固然减少了紫外线对身体的损伤，可仍然显得有些不足。

为了能够达到降温的目的，人们用手拿着扇子，扇动着周围的空气；或加长加宽衣服，利用行走，产生空气流动，或干脆住进带有空调的房间，可一旦出门，又会大汗淋漓。

于是，人们开始利用仿生学的原理，借鉴动物的调温本领。夏日里，海豹用前鳍和尾鳍同时扇风；大象频频扇动着耳朵，……以大象为例，大象耳朵里微血管中的血会因空气的流动而降温，而液循环时把凉血带到全身，这样就可使血管周围的肌肉降温了。人们想到利用太阳能来降温，在宽大的袖口上安装上微型电扇，或把扣子做成向内的微型电扇，肩背和衣领是可拆卸的微型太阳能电池板，人靠太阳能电池板吸收光能，转为电能，电能通过微型导线，驱使微型风扇转动，使风扇转动的皮肤降温，这也如同大象的耳朵一样。到了阴凉的地方，风扇会自动停止转动。

对于因病而致排汗困难的人，或先天性无汗症的患者来说，更多的希望还是寄托在衣服的更新和功能的改进方面。狗是一种不会出汗的动物，天气炎热的，狗伸出湿润的舌头喘气，使空气流动，带走热量，舌头上的微血管凉爽了，流动的血液也凉爽了。科学家们正在进一步地研究动物的降温方法，并利用仿生学的原理设计新的调温服装；

这种服装的面料对光热具有伸缩性。当阳光充足，气温偏高时，衣服的纺织纤维就会自动伸长，使布料的经纬密度加宽，空气在这些被打开的微窗中流动，身体就显得凉爽了。有时人出汗很多，衣服内面的吸汗纤维就会伸出微孔吸收汗液，被吸收的汗液顺着重力的作用，垂直流到衣服的下面，当汗水积多时，微型排液孔就会自动胀开，汗液顺流而出，排净汗液以后，微孔自动关闭。

有些防晒衣服的布料中还掺有反光特性的纤维，当太阳光直射时，反光纤维会有效的折射阳光，这样一来，人就不觉得热了。

未来的摩天大楼是什么样子

　　世界上最高的"摩天大楼"——美国芝加哥市的西尔斯大厦，有110层，高443米。俗话说"树大招风"。楼房越高，所承受的风压越大。一幢400多米高的大厦受到最大风力时，楼顶晃动的幅度将超过1米，如果不加以控制，窗上的玻璃就会弹出来，隔墙也会裂开。

　　科学家发现，圆形大楼在风力作用下的适应能力最好，它受到风的作用力只是矩形建筑的一半。经过对摩天大楼所受风力的分析，设计者们认识到，最适宜摩天大楼的建筑形式是圆管状形式，即整个建筑物形如一根插在地上的管子，大楼的重量集中于管边，中间是空心的，而且，圆管形建筑对风力有缓冲作用，可减轻楼房的摇晃，一般情况只有2—5厘米的晃动幅度，人们完全可以安心地工作。

　　未来的摩天大楼将是钢筋混凝土结构的整体管状建筑，像一座硕大无比的烟囱，筒壁上开挖一些孔洞作窗户。这座"烟囱"不一定要建成圆的，但至少要方的。"烟囱"内部加有支撑，然后一层一层地装设楼板。楼板的中央是空的，使整座大楼的中间形成大竖井般空心。这个内部空间可设计成露天中庭，种花栽树，好像室内花园，还可以设置电梯和行人的通道。

　　摩天大楼好像一座垂直城市。如美国的世界贸易中心大厦有110层，大楼内有5万名工作人员，每天要接待8万名顾客，大楼内办公、住房、市场和生活设施等一应俱全。大楼的交通主要靠电梯，有室内的，也有装置在大楼外的观赏电梯。摩天大楼的电梯像城市公共汽车一样，有常规的单层电梯，也有双层电梯；有只限在某些层次行驶的区间电梯，也有高速直达电梯。电梯的最大升降程度可达每分钟600米左右。

　　由于圆筒式摩天大楼结构的解决，未来的摩大大楼的高度还可以增高，建筑设计师已经设计出200多层的摩天大楼。日本一家公司已设计出将建造

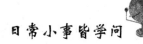

在人工岛屿上的火山形建筑，它的高度超过4000米（相当于1400层的摩天楼），可供70万人居住。离水面1公里处有天文台、能源工厂和其他设施，底层是一个海滨游览胜地。这听起来似乎不可思议，然而科学预言，有了圆管建筑结构这个法宝，大楼可以建造得很高很高，人们甚至可以到楼顶去"揽月"了。

新型的生态住宅环境

　　如今，可持续发展改变着人们的观念，在世界许多城市里，新型的生态建筑正呼之欲出。

　　生态建筑，就是综合地运用当代建筑学、生态学及其他技术科学的成果，把住宅建造成一个小小的生态系统，为居住者提供生机盎然、自然气息浓厚、方便舒适而又节省能源、没有污染的居住环境。

　　为了把这种设想变成现实，国外已有人着手进行试验。这些试验方案如下：利用太阳能发电、供暖和制冷，并供给照明、家用电器和通风用电；室内种植花木，阳光透过保温隔热性能良好的厚玻璃屋盖，使植物能充分实现光合作用，在自动调控温度和湿度的人工环境中茁壮生长，开出绚丽的花朵，结出丰硕的果实，并且散发出新鲜的氧气；雨水和浇灌花木渗透下来的水，通过管道系统收集起来，经过处理，可以用于冲洗便桶、养鱼或重复浇灌植物；收割后的植物秸秆和生活中排出的有机物可用来生产沼气，作为太阳能以外的第二能源；生产沼气后的残渣经过干燥处理，又可用作栽培植物的有机肥料，等。

　　当然，建成这样一个小小的生态系统，需要建筑、材料、能源、机械、给排水以及环境科学等多学科的合作，要解决一系列的技术问题，因此试验阶段需要有相当的资金投入。

　　目前，生态建筑已在许多国家试点。日本三泽住宅公司开发设计建造了一种生态建筑——太阳能住宅，它可以满足家庭中 85% 的能源需求。新住宅的隔热性能和密封性能良好，屋顶装有太阳能电池，太阳能电力多余时可卖给电力公司。

　　英国科学家建造了一种新的生态住宅区，它的特点是：室内空气中二氧化碳含量由于有自然通风设备而大大降低，并不再使用排放破坏臭氧层的氟利昂空调设备；屋顶和墙壁使用的绝热材料不破坏臭氧层；所使用的硬木来自于能维持生长的欧洲和非洲的温带森林；不使用有害人体健康的物质，例如石棉和含铅油漆等；热水只在需要时才供应，免去了储水塔；照明使用轻巧的荧光灯泡和高效能的不闪烁光源；辟有专门的吸烟室等等。

在我国广大农村，生态住宅的开发可以和庭院经济的发展结合起来，除了在房前屋后的空地种植蔬菜瓜果花木外、屋顶设置网箱养殖鱼虾和贝类的水池，室内也可以培植小型草坪，繁殖蟋蟀、蝈蝈之类的昆虫，墙面嵌进玻璃水箱，饲养并繁殖贵重的观赏鱼类，既美化了居住环境，又可为市场提供新鲜的绿色食物和观赏动物，并增加了农民的收入，可称一举多得的美事。

据介绍，农村采用生土砖盖房，其污染排放量只相当于普通砖的 0.2%。在广大乡镇，泥土是最廉价、最方便、无须长途运输而且污染小的建材，虽然强度小，但经新技术制造，足以满足建造一般的低层住房的需要。

近年来，生态住宅的诞生，标志着世界建筑业正面临一场新的革命，这一革命以有益生态、有益健康、节省能源、方便工作和生活为宗旨，对建筑业的设计、材料和结构等方面提出了新的思路。生态住宅的诱人前景，鼓舞着有志于此的建筑师，他们正在为理想的实现而孜孜不倦地努力。

生态住宅虽然未必成为 21 世纪中期的住宅主流，但在我国住宅从小康水平向舒适水平过渡的阶段，把生态住宅的某些特色吸收过来，无疑将会使我国的城乡住宅更加接近于自然，使我们的住文化向世界高水平的方向发展。

电脑住宅

电脑住宅，该是多么诱人的住房啊。不久前，世界上第一栋综合型电脑住宅已在日本东京市的中心落成了。其建筑面积为 370 多平方米，共安装电脑 100 多台。住宅的设计师是东京大学教授坂村健。

让我们一起到电脑住宅参观一下吧。

住宅的大门外，有一根竖杆，上面安装着风向标。这个风向标是气象状态：的感知器，它同室内电脑相连，将室外的温度、湿度、风力、风向等数据输入电脑。电脑根据上述气象条件，控制室内的窗户和空调，为主人提供一个节能、舒适的居住环境。

工作人员在大门的暗锁上按了几个号码以后，大门便自动打开了。他解释说，门口安装的微型摄像机将来人的面孔全部输入电脑。如果电脑确认你是"未经登记？的陌生人，你即使知道暗锁号码，也无法打开大门。只有住宅主人下达"同意人内"的指令后，大门才会开启。

走进室内，扬声器传来了轻松悦耳的乐曲。一楼的会客室与门厅相通。这里除了茶几和几张沙发以外，看不见其他家具。除了一些常用的必需品以外，其他用品都分门别类放在地下仓库指定的"集装箱"里。需要时，可操作电脑，将"集装箱"调运到一楼的"出口处"，以便从中取出或放回物品。

在一楼的厨房里，食品放在地下仓库的冷藏柜中。厨房中有一套教人如何做菜的电脑装置，电脑中储存了西餐、中餐和日本菜等的烹调方法，它可以告诉你如何备料、烹饪等，还有实际操作表演。烹炒的火候也由电脑根据炒菜步骤自动控制。

在二楼卧室的床头，有一个开关，上面写着"休息"二字。主人在睡觉前，只要按一下这个开关，整栋房子便进入"休息"状态。除必要的走廊等灯光以外，房子各处的电源全部关闭。走廊和厕所的灯光调到合适的亮度。空调系统减弱风力，没有关闭的窗户自行关闭，设置在房子四周的防盗报警

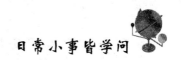

装置进入工作状态。这一切都持续到第二天早晨主人起床为止。

在卧室边的厕所里，安装有体检装置。清晨，主人起床上厕所时，同抽水马桶连接在一起的体检装置即可自动检查和分析大小便的情况。旁边还有一个血压计，将食指伸入血压计的套中，液晶显示板便会出现血压和脉搏等数据。如果出现异常情况，电脑会提醒主人去就诊。

在一楼会客厅旁边，还有一个专供来客使用的"非接触式"厕所，以防止病菌接触传染。进入厕所后，一切无需用手触摸即可完成。抽水马桶盖在人到位后自动打开，马桶上垫有一层干净的卫生纸，至于冲洗和消毒等程序更是自动完成。在洗手池旁，只要将手伸到水龙头下，龙头会自动打开出水，移开后，水龙头自行关闭。

浴室最大的特点是，可以通过电脑"预约"洗澡时间，并设定水温等。下班前，可从单位打电话给住宅的电脑，指示电脑在什么时间准备好洗澡水。一回到家即可洗上舒服的热水澡。

室外的绿化用地，长满了郁郁葱葱的树木和花草。浇水、施肥等工作全部由自动机械完成。

住宅里的100多台电脑，分工负责，各司其职能，但同时又互相连接，以便对环境做出综合判断。所有电脑全部设在"暗处"，室内不见其踪影。电脑的工作程序设定好以后，一般无需调整。

海上城市

十多年前，国际海洋博览会在日本冲绳开幕了，谁能想到，中心会场不是设在陆地，而是在一座漂浮于海上的大型海洋建筑物里。日本民众和来自五大洲的海洋专家以及旅游者怀着浓厚的兴趣前往参观，在 6 个月的时间里，观众达 200 万人之多。

这个展览馆长 104 米，宽 100 米，高 32 米，位于离岸 400 米的冲绳海滨，通过海桥与陆地相连。展览馆是一座半潜式海洋建筑物，有水下和水上两大部分，中间用大型立柱联接，排水量高达 28100 吨。水下船体能提供巨大的浮力，支撑着庞大的水上船体。展览馆还设有水中观察窗，配上明亮的海中照明，观众可以观赏美丽的水下世界。

展览馆内十分宽敞，能同时接待 2000 多人，冷暖空调设备齐全，馆内气候如春，舒适宜人。另外还有发电、供水、污水处理以及其他生活服务设施。观众无不赞叹：这是当前举世无双的海洋建筑，简直是一座独立的海上小城市！

随着海洋开发的扩大，人们不仅要在深海建设矿山、开采石油，大型核电站和海水淡化联合企业也将建在海底。但是这些厂矿企业的工作人员，如果每天上下班时需要往返于陆地和近海，甚至远洋深海之间，那该多么麻烦和浪费时间啊！

再说，海洋企业开采的原料、生产的货物，也应有个中转站，然后源源不断地运往陆地。于是科学家们就产生了建立海上城市的设想。

第一种设想是在水下矿山附近建一个城市，它的直径约 1000 米。每座楼房中的一部分建筑建在水上，另一部分建在水下。整个城市能居住 5000 ~ 10000 人。城市中央，除了绿树成行、花草吐芳的绿化区以外，还有港口码头供运输船舶停靠，远处的平台可供直升机起降。

海上城市的另一种设想，是建在离海岸较远的公海上。它是直径约 800

米的圆形建筑物，周围有坚固的混凝土防波堤，以阻挡海浪冲击。水上部分除道路、花园、电影院、体育场之外，还有商店和工厂。深海开发出来的矿物、海上收获的水产品，就在这里加工或装船外运。但居住区很特别，是圆形的多层建筑，在水面以下，直到30米深处，每幢"楼房"的中央都有电梯和楼梯通往城市的水上部分。

目前，美国正在离夏威夷群岛不远的太平洋上修建一座海上城市，它将建在高70米、直径27米的钢筋混凝土"浮船"上。"浮船"内计划设立发电站和淡水装置，上面有一个平台是直升机停机坪。这座"海上城市"竣工以后，将有10多万居民乔迁"新居"。

日本也准备建造海上住宅，并提出了"云霄都市2001"的海上城市计划。建造地点计划在千叶县的东京湾。内，这是一栋地上500层、高2001米，可以容纳30万人的海上城市。它的总建筑面积为1100万平方米。由于这座海上城市与内陆隔离，那里的水电、下水道以及其他公共设施，都将自给自足，其中自来水将以海水淡化等方式供给。与外界的联络将通过海底的隧道铁路、公路以及航行于海面的高速轮渡解决。

目前，一些发达国家的建筑学家和海洋专家，正在制定许多宏伟、新奇的海上城市规划。有人预计，到21世纪中期，世界人口将有1/10住在海上建筑物之中。

历史悠久的中华民族有着许多离奇动人的神话和传说，而海上城市和建筑的发展，将使"海底龙宫"的幻想变成现实。

地下城市

近 10 年来，世界各国的大都市地产高涨，人满为患，已到了寸土寸金的程度。住房紧张，土地剧减，使得各国政府伤透了脑筋。为此，科学家们想出建造地下城市的绝招，地下城市成了人们争夺的又一空间。

地下城市是未来城市的组成部分。人们按深度把地面以下的地层分为 5 层：地表层，深 5 米；地浅层，深 10 米；地中层，深 30 米；地深层，深 100 米；超深层，深 100 米以下。地表层、地浅层和地中层已得到广泛的发展利用，如地下街道、地下铁路、地下发电站、地下粮库、地下放射性废弃物处理场等等。人们正把目光投向地深层和超深层。

地下城市的优点是恒温、隔热、密封、安静，不受气候和其他自然条件的限制，比地面建筑能更好预防可能发生的灾害，减少地震破坏。若地上已有城市，同时又开发地下城市，那么城市的空间将得到很大的拓展，地面的拥挤也将得到缓解。

目前，世界上的地下城市主要是由地铁连接起来的配套网络，基本上属于交通的范畴。欧洲国家的城市设计人员车把注意力转向地下。横穿英吉利海峡、连接英国和法国的海底隧道已建成并开始运营。西班牙和摩洛哥正在研讨在直布罗陀海峡兴建一条连接两国的海底通道。德国和丹麦正在商谈在费马恩海峡建造一条连接两国的铁路隧道。瑞士工程师研究在阿尔卑斯山下建造一个大城市的可行性。

岛国日本，为了争取更多的生存空间，早些时候就提出建设地下城市的方案。日本通产省拟订了一项"大深度地下空间开发技术"，准备地下挖一个30 万立方米的大洞，在那里建造拥有办公楼、音乐厅、运动场等设施的地下城市，大断面的隧道把各地下城市连接起来，用悬浮列车和无人驾驶地下飞机运送人和物。

日本政府和一些主要建筑公司准备在 2020 年建成一座小型地下城市。日本富田公司已拟定了地下城的方案。这个地下城市位于地下 200 米深处，用直径 200 米的管道建成，呈六边形，通过电脑和其他高科技手段，再现地面的自然环境：昼夜更替、四季变化，阴晴雨雪。

1994 年，日本在海平面 40 米以下，建造了 3 座大型地下贮油罐；他们在规划中还有 17 项较大的地下交通运输项目，其中包括一条造价 120 亿美元的横穿东京湾的高速公路；日本的新宿已建成了千个巨大的地下城市，地下住宅星罗棋布，地下交通四通八达，有按文艺复兴时期建筑风格建造的意大利城堡，有花木繁茂、虫歌鸟鸣的森林公园，有琳琅满目的购物中心，还有宽广豪华的地下广场。

然而，建造地下城市要耗费巨大的人力、物力和财力，其成本难以事先准确估算。此外，地下城市的空气保鲜，地下水的防渗，长期地下生活对人们心理和生理的影响等等，还需要科学家和工程技术人员进行深入的研究和探讨。

宇宙城市

天文学家这样描绘道：当太阳最终成为一颗白矮星时，地球及附近的星体将被太阳所吞噬。那是多么可怕的情景！不过在这之前，也许人类早已离开曾经哺育自己的摇篮，飞向遥远的太空。宇宙城市就是在这样的背景下构想的。

这种构想共分三步来实现。

第一步，建立宇宙空间站。科学家预想，由发达的西方国家联合研制一座永久性民用载人空间站，在新世纪开始时投入使用。它耗资数百亿美元，使用寿命达 20～30 年。这个空间站是人类迈向宇宙的第一步，是一项划时代的宏伟工程。人类可利用这个空间站观测、研究太阳系乃至整个银河系，进行多学科综合研究，并利用这一空间站作为飞向宇宙的中转站。

第二步是飞向月球，建立月球观测站。通过对月球的研究、实验、观测地球，提取月球土壤中的水、氢、氧、氦，试验食物生产，探讨月球资源开发。利用登月车及月球表面飞行行器对月球进行普查，并进而建造基地及天文观测台、科学实验室等。人类是否能在太空生存，这是最重要的一步。

第三步，建立永久性月球基地。将地球上的生活模式搬往月球，建立工厂、医院、学校、图书馆、娱乐设施等。拓展月球城市。

美国天文物理学家奥尼罗在《宇宙殖民地》中这样描绘道：宇宙岛是个直径和长度分别为数公里的环形建筑，有一个巨大透明光罩，人类可在其中利用太阳能种植、生产、生活。宇宙岛将定点在太阳、地球和月亮的重力衡线上，即距离地球 38.4 万公里的地方，因为在那里地球和月球的引力相等。

构想中的宇宙岛是一个直径 500 米的空中巨球，球内设有人类居住区、生产区、生态区。它每分钟自转两周，在"赤道"处产生近似地球的引力，这样生活在"岛"上的居民就会感到像在地球上一样。"宇宙岛"内的天气可以按人们的意愿自由调节，真正实现"风调雨顺"。

这样一个"宇宙岛"可以容纳 1 万人。它的基本任务是建造与地球同步的能源设备,把充足的太阳能以定向微波辐射的形式传播到地球,以解决地球的能源和环境污染问题。

世界上的天文学家无不把眼光投向月球和火星。这两颗星离地球最近,都有充足的阳光和矿藏资源,除了水和空气,地球上所有的矿藏,月球上几乎都有。而正因为没有空气,人类可利用太阳及月球资源来冶炼高纯度的金属和晶体。

金星的自然条件较月球更适合人类。美、俄两国科学家已提出共同改造金星的计划。即用地球上的藻类洒满金星稠密的碳酸大气层,使其吸服并排出氧气,以降低其表面高达 500℃ 的高温,为人类居住做好准备。然后以核动力分解金星极地的固体冰,形成金星大气层,人类适合的生态系统也就逐渐形成了。

天文学家预测,到新世纪末,人类可望乔迁太空,并在那里生存发展。那是人类迈向太空的重要一步,是一个美丽的梦想,无数的科学工作者都在为这一梦想而努力着。

塑料房屋

多少年来；人们居住的房屋，大多是用木料、土坯或石料建造起来的。在现代建筑中，取代传统建筑材料的是坚硬沉重的钢筋水泥结构，是目前房屋建造的主要材料。可是，科技的发展同时在创造着神话，如今轻巧的塑料也能用来造房子！

最近，美国的一家塑料制品公司，为了向人们展示塑料的多功能和塑料产品的多用途，用了凹吨塑料材料，建造了一座塑料房屋。这座房屋的屋顶，是由塑料树脂和玻璃纤维合成的盖板，它不但重量很轻，而且拼接安装十分简单，还具有极好的防火性能。

屋子的墙面材料，是由聚氯乙烯塑料压制而成的墙板，外面上了一层高性能树脂，以耐受风吹雨淋。这种墙面不但色彩多样，十分美观，还富有弹性，具有极大的强度和承受重压的能力，并且更换方便。

房子里用塑料制造的各种建筑材料，更是琳琅满目。室内的墙板，是由塑料树脂和木质纤维化合制成的一种波纹板。波纹板的外面覆有一层漂亮的泡沫塑料，它具有很好的绝热和隔音效果，并能加强墙体的牢固程度。这种内墙材料不必再涂刷涂料，当然也不用再粘贴壁纸了。地板材料选择了硬质的塑料，既具有木质地板的弹性，又绝不会出现裂缝或凹凸，平整耐磨，用水擦洗也不会有腐烂之虞。

室内设施也选择了多种性能不同的塑料。如各种管线采用了聚丁烯管道，它的特点是柔韧性极好，可以方便地自由安置，还不会有普通自来水管锈蚀、渗漏的烦恼。厨房里的装置全部采用了具有防火特性的塑料，而卫生间的浴具，则由塑料通过吹模法一次成型，轻巧牢固，而且成本比目前的玻璃钢材料低得多。

用塑料来建造房屋的形式虽然尚未普及，但新型塑料所具有的各种特性，使建筑师们在考虑房屋建造的方式时，多了一种选择。其多功能、低成本的特性，对于建筑临时性建筑或装饰性强且低成本是十分有利的。

合成纸屋

中国人常说，"低褙的"，意即不牢固。纸张大多又薄又软，不近水火。这样的材料如何造得了房屋呢？

其实，用来建筑房屋的纸，并非平时用作书写、印刷和包装的普通纸张，而是一大类新颖的合成纸。合成纸的原料并不是天然纤维素，而是以合成树脂为原料，因而在强度、柔韧性、耐水性、耐折性、耐光性、耐高温性及耐腐蚀性等方面，都比普通纸强。从本质上来说，合成纸实际上是一种具有纸张形式和功能（如书写、印刷）的薄膜。

20世纪70年代以后，国外出现了用纸造的房屋。这种纸屋的板壁，是经过特殊处理的波纹状或夹层式纸板，厚度约为5厘米。纸板外涂有合成树脂和玻璃纤维，使其强度大大超过了同样厚度的木板，而且能耐受高温、虫蛀和水浸。

科学家还在空心的纸夹板外涂上聚氨酯涂层，用它做的墙壁，保温隔热性比砖墙还好；合成纸中加入芳香族聚酰胺，不但比重轻，而且绝缘性极好，熔点也高达400℃以上；纸板用料中加入硫以后，既能增加强度，也提高了防水性能；用乙烯材料、普通纸、铝箔制成的多层复合型合成纸，具有出色的保温性，用它做房屋的墙壁，能节约20%的空调能耗。

美国一家造纸公司建造的一间"纸屋"，有效使用面积为6.1×6.2米，整个纸屋重量仅为204公斤。安装时，不需使用钉、铆、焊、栓，只需用胶粘剂粘结就能解决问题了，三人仅花了5个小时就安装完毕；拆卸后，纸板可被装在两个大纸盒里，搬迁十分方便。

一种用聚氨酯做夹心的合成纸房屋，其外壳结构预先折叠成型，造屋过程十分简单，只要把纸房拉开就行了，当然，搬迁时也只要把它推紧缩拢，就可以装车运走。

据测算合成纸屋的使用寿命可长达10年以上。它建筑方便，成本低

廉，非常适合林场、牧区、旅行或野外工作者居住，也适合作临时仓库、售货亭之用，当遇到自然灾害如水灾、地震时，还能用纸屋来解决一时的住房问题。

这真是既经济又方便的建筑，作为临时性的过渡住房，它的前途大有可为。

垃圾建筑

用垃圾来建筑，真是匪夷所思，可世上却真有这样的事。当今世界，人口越来越多，自然资源日渐枯竭，而由工业和生活过程产生的垃圾却与日俱增。"变废为宝"已从一种口号变成人们的实际行动。

90年代后，废品的回收利用又有了新的发展。人们用以工业废物和汽车废弃零件制作高尔夫球，用回收的空罐头来生产制动器部件和离合器杆。如今，回收的垃圾在建筑房屋中又派上了用场，这就是所谓的"垃圾建筑"。

美国爱达荷州一家小型的建筑和房地产开发公司，用回收的废物建造了一套能够利用太阳能的房屋：墙壁是用回收的轮胎和铝质罐头建筑的；屋架所用的大部分钢料是从破旧的汽车和桥梁上回收来的，这样配减少了木料的使用，而且更加坚固安全，并可避免招引白蚁；铺面用的不是胶合板，而是锯末和碎木加上20%的聚乙烯制成的；有趣的是，废报纸成了屋顶的主要原料，还作为墙面的绝缘体，使房屋能更有效地利用能源。

垃圾住房的屋外草坪下还埋了一些废弃的铜片，用以吸收地热，有利于在冬天保持建筑周围的温度。建筑师们在330平方米的地面上建筑起了这栋垃圾建筑，包括四间住房、两间浴室以及宽大的停车房，室内的设施非常齐全。

这栋新式房屋引起了人们的广泛兴趣，并荣获了美国住宅营建商协会颁发的"住宅风格奖"，被正式命名为"资源保护室"。用回收的垃圾来建筑住宅，不但积极地利用了废弃的金属、纸板和木料等，而且开创了节俭住宅风貌，这对贫困的国家和地区来说，意义尤为重大。

仿生建筑

自然界的生物经过数十万年的衍变，形成了适应环境的能力，其进化而来的居住结构往往令人类叹为观止：蜂巢轻巧而牢固，蜘网精细而柔韧，鸟巢简单而功能齐全，水獭窝则秘密而安全……

大自然永远是人类的老师，生物的奇妙构造给建筑设计无限的遐想和启迪。于是，仿生建筑诞生了。

仿生建筑是建筑设计师模仿自然生物的形态、构造而新创的一种新型建筑，这些建筑从外形到结构、功能都与某些生物有相似之处。

建筑师模仿王莲的叶脉结构，在跨度约 100 米的屋顶纵肋之间，设计了波纹形的横隔，形如网状，使建筑物大厅顶面结构牢度大大加强。

英国曾试制成功了一种蜂窝墙壁，中间填充着树脂和硬化剂合成的六角形泡沫状物质。这种墙壁不但大大减轻了整个建筑的重量，而且具有很好的保暖性能，使住宅变得冬暖夏凉。

建筑学家还从轻巧省料、牢固完全的观点出发，建造出一大批薄壳建筑。薄壳建筑常见于一些大跨度的体育馆、展览厅，根据精确计算和精心施工而成的薄壳屋顶，厚度虽然仅数厘米，却能承受风吹雨打，这都得归功于蛋壳的奇妙特性所给予的启迪。

蜘蛛网精妙绝伦的悬索结构引起了建筑师的高度兴趣。他们模仿蜘蛛网建造出大跨度桥梁和大跨度屋顶，利用建筑的几何形状和力学特性使得这些建筑轻巧而精美。

人们还根据洞穴建造出窑洞，模仿蛙囊造出充气建筑，蛛网演化出悬索大桥，蜂巢变化成网状钢梁……这是大自然给人的奇思妙想，而这些奇思妙想便是许多仿生建筑的生命所在。

生命建筑

如今，建筑物智能化、仿生化的程度越来越高，学术界新近出现的生命建筑构想就是其中的佼佼者。

何谓生命建筑？1994 年，15 个国家的科学家在美国聚会，提出运用新材料和新技术，建筑与生物界相仿的、能感受外界和自身变化并作出反应的建筑物，这就是生命建筑。

生命建筑的基本特征有：

生命建筑具有"肌肉"，对外界变化能很快作出反应。桥梁损坏的主要原因，是车辆在行驶中产生的共振，损坏的薄弱环节是用不同材料合成的梁。而用能自动收缩和舒张的智能材料，如电热控制的记忆合金，就可改变梁内部的力和形状，使梁的振动频率变化，使桥梁承受振动的能力增高 10 倍。正在研究中的其他"肌肉"材料还有压电陶瓷、磁致伸缩材料、电磁流变液体等，它们已经在一些建筑上试验成功。

生命建筑有能获得"感觉"的"神经"。加拿大和美国科学家将光纤维或压电聚合物制成厚仅 200～300 微米的压力感应薄膜，并把这种"神经"埋在房屋、道路、桥梁中。这种"建筑神经"不仅能"感觉"到整座建筑或桥梁内部的受力变化，甚至能感应检测到一辆汽车开过时，桥梁所受的震动和桥的变形。如果桥梁产生裂缝，"神经"信号就会中止，从而便于预防，并能及时查出建筑的隐患所在。

生命建筑要有能自动调节控制的"大脑"。在一座大型生命建筑或桥梁内，会有许许多多的"神经"和"肌肉"材料埋在关键部位，它们之间的相互作用也十分繁复，需要有一个控制和协调的中心，这就是生命建筑的"大脑"——一台大型电脑，它具有能判断、决策并进行协调的程序，对重要程度不同的部位所传递的信息，作出迅速的反应和处理。

这便是由系统控制、人工神经网络和大脑所代表的未来生命建筑的主要特征。建筑设计师指出，如果没有人工生命的控制中心，由无数光纤传感器、驱动执行器堆砌起来的建筑很可能是一座"代价昂贵，行为愚蠢的结构"、"像一个患脑溢血的病人"。

当地震和风暴造成建筑物大幅振动进而摧毁建筑物时，生命建筑就能在灾害发生时保护自己，生存下来。近年来，日本发展了智能化的质量阻尼技术。地震发生时，生命建筑中的驱动器和控制系统会迅速改变设在建筑物内的阻尼物（如流体箱）的质量，从而改变阻尼物的振动频率，以此来抵消建筑物的振动。这种方法也可以减小超高大厦和悬挂式桥梁因风力引起的摇摆。

美国正在研究地震发生时怎样让生命建筑之间能自动伸出各自的驱动阻尼器，并连接在一起，就像人在摇晃的船甲板上手拉手一样，不易倾倒。

地震造成的建筑振动往往有若干个振动周期，美国科学家用化学混沌动力去干扰和破坏这样的周期振动，使建筑物的破坏性大幅振动转变为无序的能量分散的混沌运动。这如同一个振动着的音叉与一个率乱运动的小物体相遇，音叉的有序振动会变成杂乱无章的振动。这是一种以少量能量去影响和减少巨大能量对结构破坏的有效途径。

生命十分可贵，康复对于生命而言十分重要。美伊利诺斯大学已研制出生命建筑自我康复的方法。它的执行元件是充有异丁烯酸甲酯粘结剂和硝酸钙抗蚀剂的小管；当生命建筑出现裂缝时，小管断裂，管内物质流出，形成自愈的混凝土结构。这个方法已获成功。这完全像人体血液中的血小板，能够自动堵塞创口，使肌体康复。

生命建筑是模拟生命而设想的，它具有生命的基本模式和功能，是一种地地道道的未来建筑。

智能大厦

"智能大厦"，在美国称为"聪明大楼"或"头脑大楼"，亦有人译为"智慧型大楼"。它是在情报通讯系统高度智能化的基础上，确保传递情报迅速、安全、可靠，室内环境舒适，节能的新型建筑物。

1981年，世界上第一幢智能大厦在美国康涅狄格州的哈特福德市诞生了，这就是名为"城市广场"的38层商业办公大厦。

在美国，智能大厦是在过剩的办公大楼和繁荣的商品房市场中，为人们开展经贸活动的需要而兴建的。从使用的第二天开始，人们就享受到了那里"智慧而方便"的各种服务，这种服务主要是指情报通讯和办公自动化方面的各种服务。例如，利用程控交换网的高功能通讯服务；为顾客提供从多个市外电话局中，自动选择最佳线路的功能；由多个数据库提供的科技情报服务等等。

那么，智能大厦是怎么产生的呢？信息与电子技术的飞速发展，是促进智能大厦产生的主要原因。70年代中期，世界性的能源危机之后，美国纷纷追求办公室的工作高效率。由于智能大厦使用了高效率的通讯设备，因此使办公效率大大提高。智能大厦实际是办公室自动化的产物。此外，建筑业本身的竞争以及建筑结构和形式的不断翻新，也是促成智能大厦产生的原因之一。

智能大厦具有以下特点和功能：

情报通讯功能：除电话、电报等传统通讯工具以外，还有数据交换机及增值通讯网络，利用数字显示的程控交换网和卫星通讯系统等现代化的高级通讯功能。

建筑自动化功能：有对空调、电梯、照明、防盗、防水、电力等设备的自动管理功能，节能系统的自动化控制功能。

具有办公高效自动化的功能，它通过高度信息化通讯设备和计算机实现办公的高效率，业务管理的高质量。

环境舒适，具有方便的工作空间。

我国的第一座智能大厦，已于 1995 年在上海淮海路建成。这是一座 28 层的大楼，由上海九海实业公司投资兴建并经营。它集商场、餐饮、娱乐、信息服务和办公为一体，具有公用数据、卫星通信、电报电话、商场管理、办公自动化、设备及运行等 13 大类由计算机管理的功能。用户不出大厦，就能得到国内外的所有信息，如股票、外汇、人才、图书资料、飞机火车订票等信息。

通信网络是这座智能大厦的中枢神经。它不仅保证大厦内的语音、数据、图像的传输，而且还与国内外的通信网互联，与国内外互通信息、查询资料、发电子邮件等等，共享信息资源。

这座具有世界先进水平的智能大厦的竣工开业，为我国今后建设更多的智能大厦奠定了良好的基础。

可生长的房屋——植物建筑

现在的房屋一旦建成就不再变化。未来的一些房屋将是会生长的植物建筑。80年代初，美国芝加哥建造一座行政大厦，楼房内既没有砖墙也没有板墙，而是用一种活的植物将房间隔开，成为一种能生长的"绿色墙"。

这种植物建筑有着悠久的历史。古代，斯堪的纳维亚人为了防寒，把草种在树枝编成的屋顶上，形成厚厚的一层御寒屋顶，以保持住房的温暖。美国新墨西哥州的居民，从淤涸的河床上切下带草的整块泥土，砌墙铺屋顶，草生长起来，根茎相接，使建筑物连成一体，既增加了强度，又能隔热御寒，美化环境。

现代的植物建筑已不是简单的泥草结构，而是采用经过规整的活树木来作梁、柱和墙体。它不需要庞大的施工机械设备，而大体用两种施工方法：一种称为"弯折法"，利用树木自然弯曲刻出缺口，再使它长合；另一种叫"连接法"，把伤破的两枝条接合，用人工方法形成"连理枝"。建筑师运用这两种基本方法，可建造出许许多多构思巧妙、造型新奇、妙趣横生的拱廊、曲桥、屏风、围墙、商场、住宅、办公楼等。如果选择得当，建成的房屋可常年绿叶葱翠、百花艳丽、佳果不断。人们居住在这种房屋内，仿佛置身于美丽的大自然中，令人心旷神怡、神清气爽。

植物建筑结构简单，可以就地取材，施工方便，造价便宜，而且能将房屋建筑与绿化环境结合起来，有效地防止噪音与空气污染，吸收空气中的二氧化碳和粉尘，是十分理想的住宅。

未来的人类居住环境

我们盼望的 21 世纪的人居环境，将达到怎样的美好境界呢？

1. 智能化的人居环境

这就是具有高功能性、高节能性的人居环境。所谓高功能性，即居住在这种环境中的用户，可通过住宅完善的计算机网络。综合数字网络及邮电通讯网络，充分运用国内国际直拨电话、可视电话、电子邮件、声音邮件、电视会议、信息检索等手段，使"足不出户便知天下事"的理想真正变为现实。例如，使用这种住宅的电脑系统，即可根据温湿度及风力等情况自动调节窗户的开闭、空调器的开关；若看电视，电话铃响了，则电视音量会自动降低；夜晚的立体声过大，房间的窗户会自动关闭以不扰民；若有陌生人进入房中，各种测控系统会发出特殊警告。

所谓高节能性，即这种人居环境中的住宅具有极高节能性质。从其传输媒介上看，具有规范化的布线系统标准，能将住宅的所有通信、生活、楼宇自动化统一组织在一套标准的布线上，从而避免了由于住宅传输媒介的多样化而造成的大量人力、物力、财力的浪费。从其单个家庭住宅的使用和性能上讲，又具有周期性短、适用性强的特点，即能根据单个住户的要求迅速改变住房的设计模式，以适应更高的舒适要求。这种单个住宅一般都不可在地基上建房，而是由专门的住房工厂制造好，再送到用房地点。

2. 村落化的人居环境

21 世纪，随着人们愈来愈痛惜人类原来美好的环境被钢铁、水泥、砖瓦、沥青和塑料所毁掉，人们将愈来愈看重田园生活般的村落化的人居环境，并向广阔的农村和海边发展，并将形成具有山乡、海滨特色的村落型态。

山乡的村落，将充满田园生活的乐趣和现代别墅生活的舒适，即有山乡浓郁的绿色景致和泥土的气息，又有现代多功能、豪华美观的和私宅别墅式的优雅环境。

海滨的村落，将由无数单个的多功能小型住宅组合而成，并形成清静、雅致、舒适而又温馨的小街道。各住宅户都能染上海滨小城城镇特色的各种淡淡的色彩，海风的气息常常从村落飘逸而过，令居住在此的人们常常感到舒畅适然。

3. 诗意化的人居环境

21 世纪的人居环境还会因其具有高度的自然保洁性能而使其极具诗意。在这种人居环境中，绝对会避免住宅被各种烟尘污染得黯然失色、肮脏不堪的那种"遗憾"，而是具有因高度保洁所带来的一种自然风光的诗意：

住宅的上下左右都将被常青藤、牵牛花、拉拉藤、何首乌、爬山虎、铁线莲一类的植物所包裹，犹如披上了一件能吸尘的绿色披风；街道的人行道上都栽满了能产生香气的桂花树、玉兰花等树种；道路的绿化带、花圃的公共区域都种满了夜来香、玫瑰、兰花、四季桂花等上乘花草，使其花开时节暗香浮动，丝丝缕缕，沁人心脾。

在这种充满健康泥土气息、植物生长气息、通脾健肺和活经益气的诗意化的人居环境中，将永远地严拒尘埃的侵袭、臭气的熏蚀和脏水的污染，而将始终洋溢着"绿城"般的勃勃生机。

未来的学习工具将是什么样子

功能奇异的未来笔

学习写字离不开笔，未来的笔式样新颖，功能多样，使用更方便。

液体铅笔。未来学生的书写工具中，使用最多的将是圆珠笔。这种圆珠笔同现在的不同，用它书写出的字迹在二三小时内能用橡皮很省力地擦掉，但过了这段时间就擦不掉，成为永久性的笔迹。这种圆珠笔也叫"液体铅笔"，它的结构与普通圆珠笔相同，只是用的油墨不一样。这种油墨是由一种磨碎的橡胶，加入一种低沸点、能在 100 分钟内全部挥发的有机溶剂制成的。

测光圆珠笔。工作学习时，光线不适当会影响视力。测光圆珠笔可告诉你选择的照明是不是合适。它的外形与电子表笔差不多，只是在笔杆上部开的小窗内并排装了三只小灯，并在笔夹上设置一个揿键。一按揿键，小灯便会发出亮光。发红光表示照明度不够，绿灯表示照明度适当，黄光表示照明太亮。

能计算的圆珠笔。在做算术或数字统计时，往往既要用计算器又要用笔记，能计算的圆珠笔能将两种功能结合起来。它的外形比普通圆珠笔略粗一点，笔的后部装有微型电子计算器，功能键和液晶显示器就在笔杆上。它可以进行加、减、乘、除混合运算，乘方、分数、负数、倒数及本利计算等运算。这种笔可供银行财会人员、统计人员作各种业务上的运算，也可以满足一般工程设计的运算。

手写体打字机

听课记笔记或写信时，采用打字机打印，既快又清晰；如果打印出的字体同自己手写的字体一样，那就更感到方便和亲切了。科学家正在研制这种手写体打字机。

手写体打字机很像现在的个人电脑打字机，它除键盘和印字装置外，还设有微电脑和微型存贮器。打字机内，预先储存有各种基本字的手写体和偏旁。打字时，按下键盘的字键，就能打印出自己书写的字体，或者由各种偏旁组合成的书写体。如果遇到一些冷僻字，只要用钢笔或铅笔写出来，临时储存进去，一按撤键，就能打印出来。

这种手写体打字机还有一些特殊的功能。如果你感到自己的手写体不好看，可以通过电子计算机的处理，使存放在打字机内的字体产生变形效果，就像将你的字体艺术化一样，同时又不会失去原来字体的个性。

这种打字机在日本已研制成功，它贮存有日文假名和汉字的手写体。通过电脑控制，打印速度比手写来得快，因此，这种手写体打字机既有打字机的文字编辑、记录功能，又能再现写字者的个性，提高打字速度，成了未来"速记"的好帮手。

新文具"娃娃"电脑

未来学生最时髦和常用的文具是计算机。它不仅是所有学生掌握知识的好帮手，而且是开发智力、提高能力的好老师。儿童用的是娃娃电脑，这是一种取名为"娃娃"的家用小计算机。它的体积只有三本小学课本那么大，只要将它的插头插入家中电视机的天线插座里，就可以使用。娃娃电脑采用游戏的方式教幼儿识字、算术、绘画、音乐等。它的教学态度极好，从不急躁，也不大声呵斥，而是以美丽的图画、娓娓动听的话语循序渐进地进行辅导。

进入中学，计算机更是学生片刻也不可离开的文具。将来学生不仅要接受计算机操作训练，掌握基础的计算机语言，利用它来书写、做作业，而且能够独立编制计算机软件。

在各科课堂教学中，计算机都会成为有效的教学辅助手段。比如文学课的教学，先由"经典名著"的程序讲解剧本或故事，同时伴有暂停。这时荧光屏上就显示出多种选择答题，测试学生对内容理解是不是正确。选择正确，故事才继续讲下去，否则便出现蜂音，要求重新解答。对于一些需要花费较长时间的化学反应实验，一些比较难理解的原理、概念，以及一些难于观察到的自然现象，都可以通过计算机模拟，以更短的时间和直观的形式展示出来。训练学生实验能力，计算机更是好帮手。它可以和多种仪表配套，迅速、准确地进行数据处理，帮助学生完成实验，得出正确的结论。

放学回到家里，家用电脑"电视学习机"会指导学生复习功课。这种机器可以根据老师自编的程序进行工作。只要把软磁盘插入机器，它就会根据今天上课时老师所讲的内容提出问题来考学生。如果学生答对了，学习机就会自动提出第二个问题；如果答错了，它就会重新提问，或再一次讲解所学过的内容，直到学生理解为止。

为了扩大计算机的教育作用，还可以把学校、家庭的计算机与教学中心的计算机连接起来，形成全国性的计算机教学网络，进行各种文化课的讲授、辅导以及教学咨询等。到那时，学生坐在家中就可以学到各种知识。

无师自教的电子黑板

未来，在教师请假或缺少教师时，电子黑板可以充当通讯员，"传递"老师的讲课，指导学生完成学习任务。

电子黑板外貌与普通黑板相当，但它是用特殊的压敏材料制成的。当老师用粉笔在电子黑板上书写教学内容时，黑板除了向课堂上的学生显示字迹外，同时能将粉笔的笔迹转换成电信号，然后通过电话线传送出去。所以人们也叫它"压敏电子黑板"。

借助电子黑板，一个老师可以同时给几个班的学生讲课，甚至另外学校的学生也可以听到这位老师的讲课。电子黑板可以将主讲教师在黑板上写出的粉笔笔迹，通过图像收发机转变成数字符号，再送到其他教室或另一所学校的电视屏幕上。老师的声音则可以通过机内的话筒，由电话机传递过去。如果是闭路电视，还可以显示老师的身影。这样一来，如果有老师缺席，就不用担心无人上课了。

电子黑板还有其他的优点。人们可以在遥控站接收黑板"传递"过来的数字符号，转换成图像，作为教学交流或评定教学效果用。另外，还可以在接收端接上一台拷贝机，把电视屏幕上的图像和话筒里的声音复录下来，作为学生复习和家长家庭辅导使用。

会说话的声像书刊

不久的将来，一种绘声绘色的图书和报刊将会普及，人们称它为声像书刊或电子书刊。

声像书刊主要由两个部分组成。一是存贮信息的装置，通常是磁盘或光盘，它存贮有书刊的全部文字、插图和声音等信息，内容非常多，而体积很小；二是比普通杂志还小的电子阅读器，它操纵、显示和传播文字图像和声音。电子阅读器的前端，有一个书页大小的平面屏幕，它的后面有照明，屏幕左右有喇叭，下端有按键，按下不同的键，可以挑选书刊的内容，并在阅读器上显示和朗读出来。

声像书刊内容多少取决于光盘的容量。一张碟子大小的光盘，可存贮十年的《人民日报》内容。随着电子技术的发展，声像书刊可存贮一部大百科全书的文字图像和声音，而且人们还可以通过更换记录的卡片或盘片来换书刊的内容。另外还有一种可能，人们只要在书刊上附加一只合适的装置，就可以与远处的朋友联系，借阅电子书刊，在你的阅读器上收听或阅读。

1984年初，美国一家出版公司研制出第一部会说话的《美国社会科学百科全书》，读者读有关贝多芬生平介绍时，能听到他的交响乐；看着马丁·路德·金的照片，能听到他的慷慨演说。这种电子书刊也为盲人读者提供便利，只要熟悉阅读器上的按键，就能欣赏一本他所看不见的书刊的精彩内容。

声像书刊具有比印刷书刊更准确、更形象、更深刻地传播知识的特点，但不可能完全取代印刷书刊。因为它不能像印刷书刊那样随身携带，也不可能带到火车、汽车上观看，而且，长久地阅读荧光屏上的文字图像，也会使人感到吃力。

衣兜里的图书馆

将来的一天，北京图书馆收藏的全部图书资料都可以记录到一块1厘米见方的胶片上。这样，你可以将世界上几个最大的"图书馆"放在衣袋里带来带去。

装有偌大图书馆的胶片，是全息胶片。全息胶片是通过一种新颖的全息摄影技术拍摄的。它通过一套特殊的装置，用激光束把一页 135 胶片大小的资料内容聚焦成一点，通过光的干涉拍摄到全息胶片上。因此，在拍摄好的干版上微小的一个光斑，就包含一页 16 开大小的资料。这份资料可以显示1500 个汉字。我国目前研制的全息大容量存贮器，每个光斑的直径为 1 毫米，一张书页大小的干版可记录 1.6 万多个光斑，相当于存贮有 300 页的图书 100多册，实现了图书资料的缩微。

这种缩微的图书阅读起来也十分简单。只要用一束与贮存时相同的激光，准确地射向要显示的某一面资料的光斑上，由全息图点衍射出来的光波，便能准确地在毛玻璃做的光屏上重现出资料内容。如果需要缩小或放大画面，只要移动毛玻璃的前后距离就能达到。

实际使用中，有一种电子阅读器，它插有多块全息干版，收藏的资料多达数百万页。阅读时，只要按下显示屏下方的索引地址按键，集成控制电路就能很快地选取某一干版，取出要查找的光斑，供你翻阅。如果需要详尽地了解某篇论文或一本书的内容，可以按下控制钮，复制装置便会把所显示的一页复印下来。

将来，这个微型"图书馆"会做得比钮扣还小，可以把它装在微型计算机里供随身携带，或者组成计算机图书网络。人们只要随身带一只终端装置，就可以阅读到网络上任何一个图书馆的资料，非常方便。

未来世界的电脑有什么变化

第五代个人电脑

这是一种新型的个人计算机。你端坐在家中或办公室里，按动键盘，它便以悦耳的声音告诉你："电台正在广播一篇文章，也许你会感兴趣。"说话间，激光打印机已经无声无息地把那篇文章打印出来。这种新的个人电脑，称为第五代个人电脑。

它是超大规模集成电路和人工智能等高新技术的产物，是一种能够识别声音、图像，具有学习和推理功能的计算机。

第五代个人电脑配有一种像人那样能听会说的电脑附件，与电脑一起使用，能听懂两万个单词。因此，这种电脑能将人们口述的信件打印出来；能将人们嘱咐它的事记录下来，办好以后又能向你通报。当电脑掌握了辨认声音的本领时，就有可能通过电话远距离地控制电器。例如，你外出旅行时，遇到刮风下雨，可打电话关照电脑发出控制命令，把门窗关好；让电饭煲将饭烧好，好让你们到家就能吃饭。

这种电脑还具有容量惊人的微型存贮器及大量软件，使电脑能一"心"多用。它能边做复杂的计算或其他工作，边通过程序指导操作者。比如，教育软件能让电脑指导你做作业；外语教学软件则能教学生正确地发音；爱好艺术的人还能通过电脑剪接录像带，自制电视节目等。

第五代个人电脑具有过人的记忆功能。大到百科全书、《辞海》，小到邮政编码、电话号码和亲友的生日等都能存储在电脑里，需要时，按下撤键，电脑便能显示出来，它能自动拨通电话，还能及时提醒你过生日。

这种电脑还可代你写文章和起草文件。你只要通过键盘将自己的构思输入电脑，显示在荧光屏上，经过文字处理机处理，就可整理成精彩的文章。

待你审查满意后，可以由配套的激光印刷机印制成文件或书刊。

增强智慧的智能机

现有的计算机虽然一直被人们称为"电脑"，但它只能代替大脑的一部分功能，与人脑差距甚远。人的思维过程，包括对信息的摄取、组合、传递和输出，都是在神经网络中进行的。当一组外界信息输入人脑后，几乎所有的神经元都会同时参与处理，充分体现了人脑的综合能力和创造能力。然而现在的计算只能在上一步运算输出的基础上，才能进行下一步的运算。因此，科学家正在创造各种各样的智能机，例如，能自己读懂大学课程的学习机，会联想的计算机，以及具有广博知识的专家计算机等。

美国耶鲁大学的专家们曾制造一部智能机，它可以阅读英语、法语、西班牙语的报纸，并且能作出简明的文章摘要。1978 年，报纸上刊登了人类学家玛格雷特逝世的消息，这架智能机阅后作了这样的摘要："人类学家玛格雷特米德因患癌症去世，这年 76 岁。"

有了这种智能机，还要给大脑与计算机建立起一座桥梁，使它们的信息能互相交流。也就是说，让计算机及时了解大脑在想什么，需要什么，才能主动地提供各种资料，帮助大脑记忆、推理、计算，使大脑的潜在智力得到开发。

科学家正在研究脑电图拾取器和脑磁图拾取器，计算机通过脑电波的波型变化和相应的磁场变化，可以掌握大脑活动的脑信息。美国科学家已研制出一种脑磁测量仪，并得到人脑活动的磁图。根据大脑各部分的磁信号，编制成特定的程序，传输给计算机，让计算机懂得这些信号。另一位科学家还发明了一种极细微的"神经电话"，通过微电极、计算机的信号就能直接传给大脑，解决大脑所需的技术性问题，以便集中力量进行创造性思维，解决最有价值的问题。

也许将来有一天，你想要解决什么问题，只要戴上脑磁图拾取器，接通"神经电话"，大脑中就会涌现种种发明创造的画稿，智能机会替大脑记忆、思考、运算、回忆、比较和选择，使人类的创造力能够最大限度地发挥出来。

比电脑更 "聪明" 的光脑

光脑是由光导纤维与各种光学元件制成的计算机。它不像普通电脑靠电子在线路中的流动来处理信息，而是靠一小束低功率激光进入由反射镜和透镜组成的光回路来进行 "思维" 的，但同样具有存储、运算和控制等功能。

计算机的 "本领" 大小，主要决定于两个因素：一是计算机部件的运行速度；二是它们的排列紧密程度。从这两方面看，光比电优越得多。光子是宇宙中速度最快的东西，每秒达 30 万公里，并且光束可以相互穿越而不产生影响。电子就不行，它在半导体内的运动速度约每秒 60—500 公里，最高也达不到光速的十分之一。另外，超大型集成电路中，一些片状器件的线脚已达 300 多只，排列密度受到限制，而光束的这种互不干扰特性，使得科学家能够在极小的空间内开辟很多的信息通道。例如，贝尔实验室的光学转换器就可做得那么小，以致在不到 2 毫米直径的器件中，可装入 2000 多个通道。

从理论上讲，光脑的运算速度可提高到 1 万亿次，比现代的电脑还要快上千倍；其次，光学器件还有信息量大的优点，一束光可以同时传送数以千计的通道的信息。然而，光脑的制造在理论上和技术上还有许多问题没有解决。作为第一步，科学家利用光计算机驱动能量小的特点，把电子转换器同光结合起来，制造一种光与电 "杂交" 的计算机，然后再改变光脑的 "配角" 作用，使它成为信息技术革命的主力军。

未来的工作环境将有什么变化

办公室自动化

未来的社会可称为 3A 社会。所谓"3A"，就是工厂自动化、办公室自动化和家庭自动化。

办公室的工作离不开起草文稿、传递公文、数据运算、图表分析、存储档案等工作，处理这些日常琐事往往费时费力，远远满足不了未来社会迅速收集信息、分析信息、储存信息的需要。办公室自动化就是运用计算机来完成上述工作。

在未来的办公室，工作人员将在计算机终端屏幕前工作。无论是书信往来，还是信贷、会计，都靠电子计算机来完成。写字，有光笔，用它能在荧光屏上"写"字"绘"图，还能随时修改。用光笔起草文件、设计图纸非常方便。写文件材料，有口授打字机，能将人的讲话直接转化成文字，不必经过打字员打印。搜集、整理材料、文件，可以用"阅读"机，它可以对文件、照片等进行光学扫描，并将"看到"的内容进行数字化处理后贮存起来，查阅非常方便。

办公室自动化不仅可以提高工作效率，减少差错，而且还带来了办公方式的改变。现代化的设备使工作人员不一定都集中在同一办公楼内工作，有些工作人员可以在家里或其他地方工作，只要把他所使用的计算机纳入整体计算机办公系统就可以了。所以，工作人员的办公地点、工作时间将更灵活。

尽管计算机进入办公室好处很多，但也有不尽如人意之处。在一些电脑化办公室里，人们已产生了对于健康状况的忧虑。由于每天长时间地在电脑终端机的荧光屏前工作，头疼、视力下降等症状经常困扰工作人员，神经的高度紧张也会引起其他疾病。因此，改善办公的条件，如采光、通风、取暖等，也更加引起人们的注意。

智能大楼

这是用电子计算机控制管理的建筑物。当人一走进室内，窗户立即自动开启，室内的光线会自动调节，无论哪个座位都会感到舒适柔和。整座大楼的冷暖都可以调节，做到四季宜人，所以叫智能大楼。

智能大楼可以作教室大楼，也可以作办公室大楼，它有高度的自动化功能。如果作为教室，上课时间是关闭不接待客人的；如果是办公大楼，来访者只要在一台打字机样的机器上，打入要访问的公司或部门名称，一个柔美的声音就会告诉他应该乘哪一部电梯、到几楼。来访者走进电梯，电梯便自动启动，这时电梯里的显示屏在报道今天的天气预报和国内外要闻。不一会儿，那柔美的声音会提醒他，第几层到了。当来访者来到这一层的公司会客室时，里面还是一片漆黑，就在他推门跨入的一瞬间，房间里顿时灯火辉煌，空调机也会因季节不同吹来热风或冷风。

在智能大楼里，光学玻璃纤维做的光缆纵横交错，以电子计算机为中心，形成一个通信网。教室或办公室都装有电视通信设备，进行电视教学或工作联系。这里的电视是双向的，老师可以坐在办公室向各班同学讲课，同学可从电视屏幕上看到老师，老师也能见到各教室的同学，并听到学生的提问，就像当面授课一样。这样的办公大楼，公司经理不用走出办公室就能掌握各部门的工作进展情况；必要时，还可以在电视会议室参加国际性会议。工作人员用文字处理机、数据处理机和个人计算机处理日常业务，办公效率大大提高。

智能办公大楼是一座电子楼，它以大楼建筑作"躯体"，电脑和电子装置就是头脑和神经，组成"有血有肉"的大楼。学生和工作人员有没有缺勤和迟到早退，电子装置会自动考勤；老师和职工的工资到时会自动支付。更有情趣的是，智能大楼还用负离子调节周围的环境，树木长青，处处鸟语花香，楼房沐浴着阳光，使人心旷神怡。

宇宙工厂

地球上已经有很多工厂，为什么还要到宇宙中建造工厂呢？因为地球上的工厂大都以煤、石油作为能源，排出的废气、废料会严重污染环境，给人类的生存造成威胁。宇宙工厂所用的能源是太阳能，对环境没有污染。太阳能又是取之不尽用之不竭的廉价能源，所以在宇宙建造工厂有很高的经济和社会效益。

另一方面，宇宙空间具备无重力、高真空、超净和极端的温度等条件，这种特殊的空间环境是生产某些特殊物品所必需的，而地球不可能提供这么好的生产环境。例如，火箭中需要耐磨的铅铝合金，可是由于地球引力的作用，在熔化这两种金属时，铅总要沉到底部，冷却后，得到的不是一种均匀的合金块，而像一块分层的蛋糕。如果在宇宙工厂里生产这种合金就方便多了。因为在那里任何物体都失去重量，这样，两种金属不会因比重不同而分层。根据统计，约有400种地面上无法制造的合金能在宇宙工厂中制造。

在宇宙工厂里还可以制造生物体和药物。在太空中，有些细胞生长速度很快，分离也比较容易。1992年10月14日，我国利用一颗返回式卫星作搭载培育生物试验，培制出防癌生物——石刁柏，证明了我国在太空制药上的成就。

令人高兴的是，在宇宙工厂加工所需要的原料并不完全依赖地球，因为月球和众多的小行星几乎拥有空间加工所需的一切原料。

可以预见，不久的将来，航天飞机将频繁地在太空中飞行，把宇宙工厂中生产出来的"稀世珍宝"、"灵丹妙药"源源不断地送入世界大家庭，造福于人类。